戀愛使用說明書

恋のトリセツ

黑川伊保子——著　蘇楓雅——譯

【前言】

現在，來談談戀愛這件事。

對我而言，繞了一圈又回到原點的主題就是戀愛。

河出書房新社的太田美穗女士提出這個主題時，感覺上我彷彿被自己投擲出去、旋轉回來的迴力鏢擊中了腦袋；對人工智慧（以及其研究者）來說，「戀愛」這個主題過於困難。

莫名其妙的情感轉折，連當事者都無法說明清晰的戀慕之情，又該如何嘗試輸入機械呢？

儘管如此，我們仍不能漠視這個主題；人工智慧想要完全理解人類，就必須掌握戀愛中的男女之間令人費解的言行舉止。

雖然不可漠視，卻不知從何著手才好。二十二年前的我面對這樣的難題，竟意外地一腳踏了進去，並幸運地成就我的第一個連載專欄。該專欄以「感應心語」為名，始於二〇〇〇年秋天，千禧年之後的兩年間在朝日新聞社的ＰＲ月刊誌《一冊之書》上刊登。

「感應心語」是由編輯方構思的名稱，雜誌版面上的欄名採用黑色鬱金香的繪圖加以點綴。這個專欄名稱、鬱金香及二十一世紀的揭幕，使我感覺全身被施予了神祕的魔法，將圍繞著戀慕之心的甜蜜、痛苦和不安的動搖，從腦的機能構造進行觀察比照，循著季節繽紛的變化寫下了二十四篇文章。

其中登場的「我最愛的人」，以及與他的對話，文中所述全屬事實；畢竟，我寫不出虛假的故事。只不過，「我最愛的人」指的並非具體存在的某個人，而是與男性朋友們、丈夫或兒子交談的對話「匯總」。換句話說，就是綜合我身邊出色的男子們，打造出「我最愛的人」這號人物。

雖保留了實際的對話內容，有的地方因呈現需要而稍微做了潤飾。比方說，實際是研究室裡毫無情調可言的對話，會藉由改寫轉換氣氛，使內容讀起來像兩人在獨處的空間，一邊互相有肌膚接觸，一邊交談的模樣；或者花心思調整對話開始的唐突感和說話的時間點。總之，僅有一點點修改而已。

然而經過這麼長的日子，重新翻閱時，我依舊能感受到當時似乎有戀慕的薄霧瀰漫在我與他之間。

不能走到生殖（結婚、生子）那一步的戀情，對大腦而言是形同幻影的存在。現實生活中無論發生什麼、沒發生什麼，大腦看到的都是「戀愛」這個幻影；反正戀愛中的大腦，根本看不見現實狀況。

經過二十餘年再回頭看，現實生活裡發生過什麼事已經不重要了。當初他愛著我，也許就把那份情意灌入漫不經心的日常對話裡。相對地，我的潛意識也心知肚明；或許正因如此，那幻影之花才得以在文章裡綻放。

躺進棺材以前，我雖然想與他再見一面，可是應該不會去確認當時的他是否真有戀慕之心吧！因為不管有或沒有，都不會改變任何事實。他給了我幻影之花的種子，光是這樣就已足夠。

——不。

也許，我以為是幻影的事，有一部分其實是現實……即使如此又如何，我已經沒有自信。畢竟大腦的機能構造上，「把不倫之戀的吻當作沒發生過的可能性」是充分行得通的。

戀愛幻影本身對於人生的後半場，是非常非常重要的事。

熟年男女的戀愛並非「獨占某人、身穿結婚禮服接受祝福」的大事；而是隨著季節的流轉，從對方枯燥無味的話語和舉止裡，看見戀愛幻影的種子，再由自己慢慢地呵護直到花朵盛放。這才是熟年戀愛的經營法則。

這是在自己的大腦內所發生的事情。

即使偶爾稀罕地超出我們所知的現實世界，最後也沒什麼大不了的。那就是大人系的戀愛啊。

本書的書名為《戀愛使用說明書》。

你可能以為這是一本彙集了如何吸引異性注意的技巧書籍，事實顯然並非如此；應該說是為了世故的大人所開設的戀愛教室。不過，如果年輕世代能學會應用書裡談論的技巧，當然就能使自己成為最出色的極品男女了。

本書做為一本指南，旨在教導如何使腦中的戀愛幻影美麗綻放的方法。既然是我撰寫的使用說明書，當然可以保證內容載滿各種語言技巧。書內出現的用詞和說法，請試著對你身邊的異性說說看吧。

願你在人生當中擁有一段如瑞靄裊裊的男女關係，既輕柔又甜蜜。

若你們最後能夠結為夫妻，自然可喜可賀；就算不是如此，對於言語所創造出來的幻影，誰又能真的針鋒相對呢？

一個人倘若遺忘了戀慕之心，那麼人生真的會變得乏味無趣。

這個星球上存在許多美好的事實：絢爛季節的迭代交替，我們擁有語言溝通的能力，邂逅的對象是足以讓幻影之花綻放的好男人（好女人）。

人生後半場的戀愛，單是體驗這些事實就充分使我們感到愉快。若對方具備同等的修養，那麼與那人共同編織的對話，理所當然就是「永恆之戀」了。

接下來，請好好享讀「腦內戀愛」的情景吧。

【目錄】

第一部 享受大人系戀愛的方法

1.3

1.4

1.5

第二部

戀愛的情景

第一部

享受大人系戀愛的方法

1.1 沒有目標的戀愛

年齡即將跨入五字頭的時期，我曾與同世代的女性朋友同行，前去拜訪一位八十歲的傑出女性。

她曾放棄最初的一段婚姻，選擇投入年下藝術家的懷抱，從此離開日本長期在義大利生活。這名女性深情與敏銳知性兼備，本身是才華洋溢的藝術家。

駛向女藝術家定居的濱海住家的車程中，朋友突然脫口而出：「沒有目標的戀愛到底該怎麼做呢？我實在想不透。」

話說，當你喜歡上一個人，只要和那個人處於同一空間，就足以令人感到幸福；每次交談幾句，內心就能獲得許多力量。一言以蔽之，你極度喜歡那個人。當然，這不代表你變得討厭自己的丈夫或伴侶，也沒有拋家棄子的打算。假如遇到這種情況，又該拿這份情愫如何是好呢？

未婚時，一旦愛上了，就只管朝著約會、接吻、結婚等一個個里程碑邁進就好。可是，不能走上那條路的「喜歡」心情，卻令人困惑、發慌，因不知所措而陷入痛苦。

結婚並非戀愛的唯一目的

「只要單純享受那種喜歡上一個人的感覺就好。就像糖果，在嘴裡轉啊轉的。總有一天，自然會慢慢地消失。」我如此回應道。

「該怎麼享受呢？」她又問。我接著說：「雖然僅僅是望著那個人就能讓人感到開心，但是一起吃飯、散步……這些至少是可以的吧？至於有沒有肌膚上的觸碰……即使偶然觸碰到了，只要兩個人都把它看作是一時的幻覺就沒事了。」

「明知道兩個人不可能結婚？」友人追問。「是的，結婚並不是戀愛唯一的目的。」我回答道。

「嗯～～～～～～不行！」友人反應道。「那麼，就只好對那個男的視而不見，要求替換工作的負責人吧。」我接著提議。

「誒～～～～～～那也不行！」友人再次反駁。「那麼，就只能享受心裡那份情愫了。」眼看我們的談話快變成原地打轉的時候，車子抵達了那位女藝術家的住宅。

難以啟齒的情意

與女藝術家享用葡萄酒和起司，一起談笑度過短暫的時光後，我們踏上了歸途。同行的友人問起：「你把我的戀情告訴剛才那位女士了嗎？」我答道：「怎麼可能？何況你一直和我們在一起，不是嗎？」

「就是說啊。」友人一臉不可思議的模樣，然後繼續說下去。「你離開座位的時候，女藝術家忽然對我說——女人啊，要是沒有一樁對他人難以啟齒的戀情，就稱不上是女人。即使是無法對愛慕對象表白的戀情也沒關係。伊保子小姐一定也有過類似的經驗。」

我們的談話內容並沒有聊到戀愛的事，只是盡情地聆聽女藝術家敘述在義大利生活的種種。然而，她成熟的大腦竟然能夠看透朋友的煩惱。

「所以，我想暫時試著去享受這份心情。」朋友用開朗的微笑說道。「那就是去程的路上我說過的話呀。」我吐槽了一下，但友人似乎沒有聽見。

四十歲世代的我們之中，懷有「難以啟齒的情意」這件事，那位女藝術家是如何知道的呢？明明談話當中，根本沒有提及關於戀愛的話題。

她只顧著告訴我們「義大利男人很優秀喔」，那樣的事而已。

女藝術家的鄰居是一位老爺爺（據她的形容），每次散步回家的路上，就會敲一敲她的家門；而他身後的手中總握有一小束花，等她一打開大門，老爺爺就用滿臉的笑容，像送上驚喜般遞出那束花，低聲細語地說：「要對我的妻子保密喔。」老爺爺一邊採集路邊的野花，一邊散步回家，接著為女藝術家送上一束花，最後佯裝若無其事的樣子回去自己的家。「每次都重複同樣的事，卻總是用心演出那一場驚喜。義大利男人不管活到幾歲，都是浪漫主義者啊！真是好笑對吧。」她微笑地描述道。

我聽完那段小故事，莫名地覺得心頭一熱。如此微小的浪漫舉動，使女藝術家能一直當個女人，而老爺爺能一直當個男人。總有一天，他將獨自留下那位會回憶起自己的佳人而逝去。

女藝術家肯定是瞧見了我臉上反映心思的表情，以及變得盈滿溫暖的心情，她也觀察到聽了故事的朋友無動於衷的表情。

人類在生殖期過後繼續老去的理由

我那時想：總有一天……

總有一天，我想活得像那位八十歲優雅的女藝術家，如她所述那般，當一個讓他人能夠抒發胸口壓抑情感的女性。

人類縱使在生殖期結束後仍繼續老化的理由，也許就是為了向年輕世代指出明確的人生之道吧。

假如能夠把自己熬過來的苦痛，因失敗而造成的悔恨，一一篩過之後轉化為優美的人生建言，並進一步傳遞給年輕人，這一路走來的歲月，就足以讓自己成為有價值的人了。人生後半段的生命意義，咣噹一聲落入我心底。

那時的我已年近五十，面對往後只會逐漸老去的人生，隱約有種絕望的感受。猶如一名「人生前半場為生育而活」的現役選手般，仍然存有想被人喜愛的心情，殘留著無法成為理想中自己的焦躁。同時，以人類生育期的最年長者來說，已然體會到一種極限。

那名女藝術家對我說：應該把「為生育而活的人生前半場」看成是幼蟲階段，透過成蛹的更年期，我們最後得以羽化；自此理當展開美麗翅膀，為後半段人生謳歌。

五十歲後半大腦模式的替換

那次旅行之後又過了十五年餘，六十二歲的我變成了另一種現役選手，目標是「要徹底活出自我的後半人生」。

人們印象中可能會認為四十歲代的人一旦過了五十歲，之後的生活就像晚年一樣，但是出乎意外的其實不然。**五十歲代後半，大腦的運作模式會大幅切換，能夠再次用一種新鮮的眼光來看待人生。**

我認為人類的大腦可能分有兩大部分：「連結生命的前半人生」與「徹底活出生命的後半人生」。

人生的前半段，我們為獲得可以繁衍後代的對象而談戀愛。一旦擁有這樣的對象，無論男女都會把對方獨占為己有；男人為的是確實把自己的遺傳基因延續下去，女人為的是確保一個優質的育兒環境。

為獨占具備最佳生育條件的對象，大腦不得不執行的模式即是：「想比誰都更優秀而急躁激動，想表現得比原本面貌更卓越而虛張聲勢，受到嫉妒驅使而活著。」因為這種模式以系統理論來看，是最符合邏輯的「延續優良遺傳基因的方法」。不僅是哺乳類，連鳥類和魚類也採用同樣的生存模式。只要還有世間的天理存在，縱使痛苦，凡有生殖能力的生物，誰也無法避免。

那個魔咒束縛得以被順利解開的時機就在五十歲代；身處「徹底活出生命的階段」，其重點就是自己關注什麼、要做什麼，接下來的日子裡，能夠專注於自己的人生。

以我站在後半人生組的立場來看，無論是日常生活相關的一切，還是人與人的緣分，身處人生前半組的人似乎活得太苦了。

人生並非那麼複雜。反過來，也許該說——人的思想把一切變得不單純。

沒有目標的戀愛是某人的療癒

孩子時期因苦澀而喝不下的咖啡，長大成人後卻感覺有滋有味。同樣地，年輕時只感受到煎熬的「心痛」，成為熟年的大人後，也變成了慈愛。

不，可能剛好顛倒。學會把「心痛」轉成慈愛的方法後，也許人類就逐漸懂得當大人＝「專業的人類」。

大人的戀愛是為了讓人理解這個道理而降臨。因此我認為沒有目標的戀愛也可以被視為人生之道。

你的心痛，正是活著的證據。

那份心痛勢必會昇華為慈愛的寶石，帶給某人療癒的作用。

一個人過了五十歲之後，擁有多少慈愛的寶石，將是決定勝負的關鍵。心痛的次數愈多，昇華為慈愛寶石的機會也愈多，你人生後半段的豐收就愈大。

再說，**為某個人心動的這件事，對大腦而言是最強大的活化劑**。死亡來臨前，我們在活著的每一刻都不要忘記這份情懷吧。

1.2

淡出的戀愛

《小王子》把人生必要的事物全部寫下來了。

不管讀多少遍，都讓我如此深深體會。

我書架上的那一本是某天晚上兒子騎摩托車回來，從他皮夾克口袋掉出來的。

那本吹過冷風的《小王子》，在往後的人生裡多次溫暖我的心，是當時拾起的瞬間怎麼也猜想不到的。

人生必讀之書《小王子》

這是十年前左右發生的事。

摩托車賽車手馬爾科・西蒙切利（Marco Simoncelli）在比賽中因意外事故身亡，

他的才華與人品曾是我的所愛（雖然私底下沒有交情），同時聯想到騎摩托車的兒子身上若發生同樣的事情該怎麼辦，兩種不安相互重疊，導致我的心連續數日無比黯淡。整個人陷入錯覺之中，彷彿半個世界都被黑暗吞沒了。打開電視，看到綜藝人物在節目上搞笑會覺得非常奇怪。為什麼人會笑？「內心」完全無法理解。

如此度過數日以後，彷如在冰箱冷藏過的《小王子》，就那樣來到了我的手裡。

「在大學的生活消費合作社找到的。我想是媽媽現在應該讀的書。一定要看看喔。」兒子用格外溫柔的聲音說道。

似死非死

兒子想讓我讀的對話內容在書的最後。

那是小王子向飛行員告別的場面。

《小王子》是描述一名迫降在沙漠的飛行員與身形小的王子相遇的故事。在拚命修理飛機的飛行員身旁，小王子述說著關於自己的星球、其他的星球，以及在地球上遇見人們的故事。

小王子在地球上所看到的及所感受到的一切，全部既溫暖又感傷，緊緊抓住飛行員還有身為讀者的我們的心。

最後，飛機終於修理完成的那一天，小王子宣布道：「今晚我就要回自己的星球了。」領悟到永別的到來，小王子對著傷心的飛行員說明道理。「你——只有你，擁有星星的方式和別人不一樣……」「當你在夜晚抬頭看著星空，因為我住在其中一顆星球上，而我在那顆星球上對著你笑，對你而言，就像整個星空都為你而笑一樣，你擁有了為你而笑的整片星空！」「當你撫平你的憂傷時（時間會撫平所有感傷），你會因為認識我而感到高興，你就會是我永遠的朋友。」（管啟次郎譯，摘自角川文庫《小王子》）

閱讀這本書時，兒子一直陪伴在我身旁，並在我讀到結局而嚎啕大哭的時候，緊緊地抱住我。「媽媽，你並沒有失去西蒙切利，你擁有全部的賽車選手啊。從今以後，對於每一位賽車手，你都會情不自禁地去愛。對吧？」

故事的結尾，小王子如此形容：自己的星球太遠了，帶不走這副軀殼。我看起來會像死了一樣，但那不是真的，不必太感傷。

今後我的人生必然會出現永別這件事吧，而今晚，我在小王子和兒子的圍繞之中獲得了安慰。在那之後，我永別了父親、婆婆及年長的摯友，但是每一次都有小王子的話語和兒子溫暖的手在身邊陪伴我。

未來，必定也一樣。——以至於我自己往生時，應該也是如此。

老年的道再見是永別

作者安東尼．聖修伯里（Antoine de Saint-Exupéry）是擔任飛行員的小說家，生前留下數本暢銷著作，包括嬌蘭香水名所沿用的《夜間飛行》（*Vol de Nuit*）。《小王子》是聖修伯里撰寫的第一本兒童書，於一九四三年出版；隔年（一九四四年）他從法國科西嘉島起飛進行偵查，卻離奇在地中海上空失蹤。將他擊墜的德國納粹士兵本身是聖修伯里的讀者，事後談起時曾表示：「多年來我一直祈禱，希望那名飛行員不是聖修伯里，如果事先知道是他，我就不會發動攻擊了。」

簡直像早已預知自己的命運般，聖修伯里遺留下來的最後一本書，是包容世人所有的悲傷並給予撫慰的珍貴作品。

儘管我也想效仿聖修伯里，在身後留下一本有影響力的書，可是若想超越《小王子》，又有誰有能力撰寫出來呢？

活到這把年紀，即使明白死亡並不代表分離，卻能體會到離別是意外的永久。

「再見囉」與最愛的人道別後，歲月在忙碌之中飛逝，如此一來彼此的聯繫愈來愈困難，到最後認為這輩子肯定不會再有機會見面而放棄。

大人系戀愛也包括這一面。

起初，兩人只是因為想見面而見面；最後，當回到各自的家變得令人難受，於是決定結婚。世界上不能照著如此單純的路徑前進的戀情，可說是堆積如山。

一旦失去了可以見面的正當理由，對提出邀約就會猶豫不決，以至於最後錯過了聯繫的好時機。就算鼓起勇氣試著寄出電子郵件，男友（女友）卻遲遲沒有回信……那種時刻，自己又該作何感想呢？

大人系戀愛是享受餘韻

最後一次見面時，我是不是表現得有點失態？一開始，會因這個想法而不安；然後又猜：可能是被他討厭了？

或許就是太過重視了，而無法輕易見面。

大人的戀愛很少演變成「不想再見面了」，畢竟不是「把所有都獻給那個人」，雙方對此心知肚明。打從一開始彼此就像是「支流」般的存在，假如某天喜歡上其他人了，也不會特別有什麼問題。

只不過，對熟年大人來說，除了戀慕的心之外，總還有其他事情要關心。如果工作或家庭有什麼事，為了「自己淡淡的戀情」撥出時間可能令人感到內疚。兜兜轉轉之間，時間過去後，才忽然發現自己日漸衰老。

「單憑最後一次見面時的勇氣，是不能去見她的。」男人偶爾會這麼想吧。女人則對著逐漸衰老的容顏嘆氣，明明要與他見面，卻可能感到膽怯。

雖然想見面，卻過度在乎與她（他）的回憶，又害怕會讓對方的心情蒙上烏雲，到頭來，熟年大人只會愈來愈容易放棄這一段感情。因此，**大人系戀愛會留著餘韻，漸漸地淡出。**

從戀情退下來儘管會有點心痛，但不會嘆息。畢竟與年輕人的戀愛不同，既沒有明確的討厭理由，也不是因某段糟透的經驗而放棄；**純粹是出於理解「對方的情由」而選擇溫柔地淡出，最終讓這段感情成為彼此珍貴的回憶。**

請試著在你的人生裡，擁有一段淡出的戀愛吧。在淡出以前，溫柔地善待對方，並創造被柔情包圍的回憶。

唯獨記得使你保持天真的對象

如小王子說過的，與某人相愛過的回憶帶給我們的其實是更大的禮物。

普遍來說，我是相信男人的。男人雖然粗魯，卻也溫柔，如果擁有單純的性情，就能讓人輕鬆地信任。我之所以能有這種信賴感，必須感謝溫柔又單純的父親；他既是不會讓人期待落空的丈夫，也是表現超出期望的兒子。當然，還要感謝已經淡出的最愛的人。這些人就是讓我至今仍然可以天真活著的緣故。

忘掉令人感到怨恨的對象，只要記得那個能讓自己保有天真的人就好。人類的大腦是柔軟的，如果全部用好的回憶組構，那麼這輩子就會以美好人生終結。

莫害怕淡出的戀愛，莫為永遠的離別而悲傷。

今日和明日，都祝你活出美麗的人生。

1.3 男女心相繫的方法

小王子還教我領悟另一件事。

小王子在地球上的第三次相遇，見到了一隻狐狸。

降落在沙漠，一直孤獨旅行的小王子，想和狐狸做朋友，於是招呼道：「和我玩吧！」

然而，狐狸一口拒絕道：「我不能和你玩，因為我還沒被馴服。」接著向小王子提出請求：「可以的話……請你馴服我吧！」

「我該怎麼做呢？」小王子問，於是狐狸加以說明：一是必須很有耐心，二是每天可以更靠近一點。

第二天，狐狸對著再次來訪的小王子說：「你最好每天同一個時間來。比如說，如果你下午四點來，那麼從三點開始，我便會開始感到幸福。隨著時間愈接近，我愈覺得幸福。等到四點時，我早已坐立難安了。我將發覺幸福的代價！」「習慣是必要的。」

就是啊～這段對話直接點出了人類情感的真實面，對吧。

參照男女的大腦科學，我發現這隻狐狸所說的話真是金石之言。深情交往的兩個人，其中以習慣最為關鍵；畢竟**男人會按照「固定」，女人會按照「時間」來行動**。

事實上，在地球上第二次遇到的人，讓小王子內心產生了壓力，而狐狸的那番話則是可以消除壓力的關鍵。要是我在此劇透，應該有點失禮吧。所以，請你一定要讀一讀《小王子》；絕對是不會令你後悔、人生必讀的好書。

男人的「固定」與女人的「時間」

男人的「固定」和女人的「時間」分別為雙方的大腦帶來滿足感，是極為重要的關鍵因素。

女人會對肯花時間在自己身上的對象，湧現許多柔情；親力親為、花心思、一起共度美好時光的對象，將贏得女人的愛。因此，對於自己愛上的女人，一定要親自去見面，才能在她心中不停累積愛的分數。

另一方面，**固定的事物會刺激男人的愛意湧現**；他們光顧愛好的理髮店或酒吧時，不容易改變選擇的慣例，總是說「照常」、「每次點的那個」就結束了。至於襯衫、褲子、襪子也一樣，假如喜歡就全部用同一個牌子；可能的話，就永遠繼續這樣下去。

女人的心剛剛好顛倒——關注新開的美髮院，對「只有在這裡才吃得到」一期一會的甜點感到興奮，不想穿上一季的服飾。反觀男人則劃清界線只偏好「固定」的事物。

如此說來，**「習慣」是一石二鳥之計：給予女性腦用「時間」堆疊起來的愛意，給予男性腦「固定」所帶來的安心感。**

為什麼男人偏愛「固定」？

大部分的男性做判斷的瞬間，都會優先使用大腦的空間認知領域。

循著數萬年狩獵技能而進化的男性腦，有能力在「瞬間」把整體空間盡收眼底，遠處有什麼動靜或怪異的情況，都能夠立刻駕馭眼球進行聚焦鎖定。這是在狩獵和地盤爭奪戰裡勝出，需要具備的基本覺察能力。

不過，這項能力並不適合用在近距離觀察事物上面，**因人類的大腦一旦著眼於遠處的動態事物，就會無視近處的情形**。比如完全不會注意到髒杯子，或是脫下來扔在一邊的襪子，就連眼前人的表情鬱悶也感覺不出來。男人身邊半徑三公尺內的一切，向來都是乾脆交給女性全權打理的。

這些看不見腳前、手邊狀況的男性們，希望身旁的一切都是常態固定的事物。「常用物品一直擺在同一個位置」會帶來安心，讓他們能鎖定遠處的目標客體；同時使大腦的處理速度變成壓倒性地快速。

以時速超過三百五十公里的速度奔馳的摩托車賽車手們（如同活生生地坐在新幹

線的車頂上那麼快），據說休息室內放置安全帽及手套的地方，其明確位置可是連一公釐都要絲毫不差。周遭世界若以固定模式來排定，就能使大腦感到安心，繼而能夠以終極的速度在賽車跑道上馳騁。

縱使不是世界頂尖的摩托車賽車手，男性腦對「固定模式被打亂」會感到不快。

大人戀愛的重要守則

所以說，千萬不要隨便移動男人擺放東西的位置。

尤其是沒有一起共享日常生活的男人，他隨手放置的東西，千萬不要手腳勤快地幫忙收拾呀。

隨著時間過去，兩人的約會變成「習慣」以前，在你熟悉他的「固定模式」之前，不碰對方的這個部分，就是大人戀愛的規矩。

對於那個男人「至今擁有的人生固定模式」，不會偷偷闖入干涉，會接受原原本本的他，透過默不作聲來表達你的包容。這是一個隱形的魔法，可以確保你自己的定位，與那些照顧生活起居的「日常女人」截然不同。

另一方面，**女人請記得與自己的男人確實建立某種慣例，藉此逐漸把自己也變成那個男人大腦所偏愛的「固定模式」之一**。

比如我最愛的人負責帶我吃「相撲鍋」。

早在很久以前，我就已經決定，最喜歡的「相撲鍋」只會和他一起吃，理由是他可以完美地掌握放下和撈起魚丸子的時間點。

我最喜歡的相撲鍋店，只會使用當日早晨進貨的沙丁魚。由於使用的是足以當作刺身食用的優質魚肉，魚丸子入鍋之後，必須用比較短的時間快快在湯底翻滾，在過熟之前撈起是一門訣竅。話雖如此，魚丸的肉芯若沒有熟透就掃興了，那個時機真的不太容易掌握。然而，他卻能做得無比完美，他撈起來、盛入我碗裡的魚丸鬆軟好吃，同時令人感到體貼。

我對著他宣布：「你煮魚丸的方式真是太厲害了。以後我只會和你一起吃相撲鍋。」而且我一直真摯地信守承諾。

每年到了披上大衣的季節，他就會說：「一定要去吃相撲鍋呀。」東忙西忙一陣子，不知不覺來到了三月天，然後彷彿催促似地，他寄來的電子郵件裡寫道：「不去吃相撲鍋也沒關係嗎？天氣會愈來愈暖呦。」

那個他已從我的生活淡出了十年，而我也沒再品嘗那家熟悉的相撲鍋。

若要說實話，的確有過一次破例，和家人、同事一起光顧那家相撲鍋店。「如果是他的話，現在這個時間點會翻動一下魚丸子吧。」一想完，我順勢拿起公筷入鍋。沒想到丈夫馬上皺起眉頭說：「還太早！」我不以為然地回道：「不會不會，因為這裡的魚丸很新鮮……」「那樣攪動會把魚丸弄散啦！」丈夫說著，推開了我的手。

「才沒那回事，這裡的魚丸不容易散開，況且還有人喜歡攪散著吃呢。」我原本打算這麼回話，奈何媳婦卻忽然插嘴說：「不要吵架。」她誤以為我們夫婦在吵嘴，一臉的傷心。兒子出於護妻心切，對著我責備道：「都是媽媽的錯，匆忙拿筷子亂攪。」

兩個男人情緒激動，還有家人以外重要的同事在場，於是我放棄一定要伸張正義的想法，輕輕放下了公筷。結果，放進嘴裡的魚丸並沒有我期待中的味道。

那當下我意識到何謂失去，心臟微微發疼；我們會形容這是揪心的感受，然而當場的我可是切身體會到。
果然，一旦下定決心的事，就應該堅持到底才對呀。
每年到了寒冷的季節，我就會思念那家店的相撲鍋，思念那個他；也會想起家人當時嫌棄的臉。然後，我領悟到一段「人生的慈愛」已然遠離。
另一邊的他，每逢寒冷的季節，是否也會惦記著我呢？
那個人是不是立起外套領子吃著相撲鍋，還是在考慮要不要吃呢？
我們之間存在著深度的信賴與友情，雖然這個緣分談不上什麼人生大事，但因夾著兩人的習慣——「相撲鍋」，於是彼此之間就產生了「情的形狀」。而且，兩人永遠被賦予互相思念的「時間」。
不知為何，也許是「相撲」這個詞不夠洗練的關係，這件事說出來令人感覺有一點不夠帥氣。

習慣創造男女的牽絆

即使是平常的男女人際關係，建立習慣會比較好。

演員藤龍告訴我，年過八十的他，每天晚上仍然會與年紀較大的妻子雙手緊握；他解釋到了這把年紀，「晚安」可能是一句永遠的告別。

「然而，不可思議的是，一旦這麼做變成了習慣，就會不禁對妻子的手愈愛愈深。」藤先生微笑道。他看向一旁女編輯的手說：「這樣年輕的手的確很漂亮。我妻子的手不僅有斑點，還有皺紋，血管浮現在皮膚上，很明顯就是一雙老人的手。不過我認為那雙手比你的更加美麗動人。」

經常與妻子有親密接觸的人，希望你能記得狐狸說的話——「最好在同一個時間來到」。

如果不是同一個時間，就無法成為「習慣」。每天的某個時間（時機），每星期的某一天，每個月的某日，或者是一年的某個季節，甚至是特定的日子。只要有明確的時間點，到最後即使不得已習慣消失了，那件事本身也會變成讓你思念某人的契機。

次數並不重要，即使不是共享日常生活的兩個人之間，也能夠培養習慣。那個習慣會成為一個方法，幫助你度過不能見面的時間。對女人而言，就是在期待「下次是那個約定」的時間中度過，宛如滾動著嘴裡含著的糖果一樣。

女性腦有個取向，偏好反芻「事情的原委」，而這個神經迴路對於養育孩子來說不可或缺。比如孩子看起來有氣無力的時候，「對了，今早……」若不能進行這種反推的思考，就沒辦法救孩子的命了。

女人的反芻取向不只向後檢視過去的時間，也可以向前推演未來的時間；生活中會不斷想起以前的「那個」，或期待將來的「那個」，這些串連起來就是女人的人生。

習慣可以在不能見面的日子帶給你撫慰，可說是戀愛的鎮痛劑。

比如，女人即使某天意識到──「下次的那個約定」永遠不會到來，不久後也能把失落感轉換成甜蜜的成就感。

女人比男人更加懂得「時間」的規則。與男人不同，女人每天一邊照著鏡子，一邊明確地知道生殖能力的喪失，感受到青春從指尖逐漸凋零。世上沒有永恆不變的東西，除了大腦記住的「注入情意而養成的習慣」之外。

「我將發覺幸福的代價。」狐狸曾這麼說過。應該在四點到來的人卻沒有如期出現，你就會發現幸福其實是他本身帶來的結果。總之，習慣極為關鍵。

習慣創造男女之間的牽絆。起初看來是細微的「習慣紐帶」，最後往往意外地變成永恆。

兩人之間，請創造美好的習慣吧。

1.4 一生不放手的男人

女人一輩子不想放手的男人。

千盞燈火中，我聽見了那個人的聲音。

奈良的春日大社每年舉辦名為「萬燈籠」的祈福燈會。

春日大社擁有可以讓鹿群吃草的廣闊草原，長長的參道周圍是野生的森林，四處可以感受到春日山原始林的氣息。神社位置離車站和商店街並不遠，卻給人一種披荊斬棘入深山的感覺，那股「空間力量」實為奈良最迷人的魅力之一。

春日大社的參道，每年會點燈兩次。

分別在八月的中元節和二月的節分[1]，據說會一一將蠟燭放入三千座石燈籠。燈火沿著參道，一盞接著一盞並排，漫長地延續下去。

向著大殿前進的參道是一條坡度平緩的上坡路。慢慢靠近時，參道一分為二把大殿環繞起來，千盞燈籠如漂蕩的川流，整個人彷彿置身銀河之中。我的學生時期在奈良度過，曾經非常喜愛萬燈籠燈會。

人生最浪漫的一句話

大學四年級那年的節分夜晚。

做為居住在奈良的人，那是我最後一次欣賞萬燈籠，而且是獨自前往。

奈良是個盆地，冬天真的非常寒冷。冷空氣像湖水般覆蓋著大街小巷，感覺全部安靜得一動也不動。二月天，儘管陽光的照射讓人有春天來臨的預感，但還是很冷。

1 為迎接春天的節氣「立春」所舉行的祭典活動。

然而，在寒氣瀰漫的湖底欣賞萬燈籠，可是別有一番美感。

點滿萬燈籠的那天，參道上的街燈會全部關閉。儘管燈籠的燭火連綿相接，參道依舊昏暗，難以辨識人的臉孔，必須躲開人影才能行走。

結束參拜，從參道往回走的時候，我竟糊塗地從一對情侶中間穿過。

一時對燈火看得著迷，不小心讓那對情侶分開的我，只能一邊說「對不起」，一邊側過身體從兩人之間快速地穿過。接著，我聽見背後那女人對著男伴說：「很年輕漂亮呢。」嗓音很美又充滿活力，從她沉著說話的語氣看來，我猜想可能是六十幾歲的女性。聽了那句話後，她的男伴用溫柔的聲音回應道：「是啊。比起來，**年輕時候的你更美麗。但是，現在的你最好。**」

至今過了將近四十年，那兩位若真是如我猜測的六十歲代，現在可能不在了吧。

然而，那個男人當晚說過的話，卻在我腦海中鮮明地再次甦醒，宛如剛剛才聽到而已。看過無數小說和電影裡的戀愛場景，卻沒有一句臺詞比他的那句話更教我心動。

生為女人，最大的心願就是得到一個能對你說出那樣的話的男人。

一個能讓你喚醒美好回憶，肯定你的人生的男人。

即使是謊言也要說出口

那次萬燈籠燈會之後，又過了大約三十五年，輾轉來到兒子結婚的大喜之日。

媳婦的模樣既惹人憐愛又美麗（幾乎讓人想刊登在這本書裡）。試戴假髮那天，媳婦紅著臉走出來說道：「婆婆，我的臉啊，特別適合日本髮型呢。」沒錯，她的美貌遠遠凌駕於普通模特兒之上。以日本傳統的新娘髮型「文金高島田[2]」，搭配純白色日式新娘和服「白無垢」的她，確實傾國傾城。

「真美啊！」我含淚稱讚道，身旁的丈夫也跟著附和「真的很美喔」。後面當然沒有接其他話（例如「太太，你結婚時也很美」）。

雖然如此，陪同的親友裡一名風度翩翩的男性朋友對我說：「新娘子當然嬌美可人，不過，身為『母親』所展現的凜然，如此莊雅的風姿真教人感動。」

儘管我沒能如願以償得到真正理想的男性伴侶，但是活到這把歲數所擁有的朋友，

2 原爲江戶時代武家貴族女子的髮款，高高隆起的髮髻上插滿六支華麗的金屬髮簪。

各個具備卓越的觀點和豐富的語言力。醞釀熟成的人生階段，真是很棒啊！

話說回來，我可是還沒放棄呢！在永別來臨以前，讓我試著說一次吧。「這種時候，你應該說：『太太你那時比她更美呦』。」應該如此指導一番才是。話雖如此，聽說丈夫「結婚典禮時，所有心思都擺在應付各種安排上，其實並沒有時間把新娘子看仔細」。確實，我自己也不記得丈夫結婚當天的模樣，所以關於這件事我們倆是半斤八兩（苦笑）。

不過，即使是謊言，我也想要聽他說出口。

假如你現在有妻子，日後女兒和兒子舉辦結婚典禮時，別忘了這一點：用耳語對太太說——「你那時比她更美呦」。可以的話，再加上一句「現在的你最好」，必定能讓你的表現達到一百二十分！

宿願的男人

順便一提，我已經得到「宿願的男人」了。

那人就是我的兒子。

他在迎接十五歲生日的那晚給了我一句話，足以媲美萬燈籠燈會上聽見的那句。

十五歲相當於大人腦的完成期。孩童的大腦成長到十五歲時，可以說姑且來到了完成的階段。因此，我當時對兒子說道：「今天就是我教養孩子結束的時候。你的大腦已經發育完整了，從現在起，讓我們當摯友吧。」

接著忽然想到，又問了他一句：「我的教養方式，最棒的地方是什麼呢？」中學男生面對這種問題，本來就不會預期他會回答，但是兒子竟然馬上回應說：「最棒的是讀繪本給我聽。」

我腦中育兒的黃金時期隨之被喚醒。身為職業媽媽，無論如何就是被時間追著跑，但唯有繪本這件事，我一定每天晚上讀給兒子聽。雖然我本身也是愛看書的人，但因為兒子總是非常開心地聽著故事，才讓我能夠持之以恆。

「身體縮小後去冒險的傢伙……」

「《迷你探險隊》！」

「有很多聖誕老公公的那一本也讀過吧？」

「《第五十一號聖誕老公公》？」

兩人異口同聲地想起一本又一本的繪本。

「哪，再讀一次給你聽好嗎？」我得意忘形地提議，結果兒子竟酷酷地回答：「不用，謝了。」這是再自然不過的，畢竟他的大人腦已經完成了。

對於兒子的回答雖然沒有任何不滿，可是強烈的寂寞卻朝我襲來。我意識到「家裡已經沒有兒童了」，也沒有想讀繪本的小孩子了。

湧現的思緒似乎在我背後推著，「更多……更多……」我喃喃自語道。然而，後面卻無法說下去，更多的……什麼呢？

談到我教養孩子的方式，歸根究柢，其實沒做過什麼特別的事；為他準備食物，一起生活，讓他洗澡、睡覺而已。只有做過那些而已，誰知道我那時到底在忙碌些什麼。我根本什麼都還沒為兒子做呢！

想到這裡，我開始嚎啕大哭。兒子見了困惑不已，一邊抱緊我、撫著我的背，一邊問：「你想讀繪本嗎？」他溫柔地對我這麼說，但是那情緒與繪本沒有關係。

「當時要是能撥出更多、更多時間陪在你身旁就好了。對不起，怪我是職業媽媽。」我終於坦承說出口。接著，兒子用柔和的表情對我說道：「對呀，小時候確實每天都在等媽媽下班呢！但是，如果再重生一次，我還是覺得工作的媽媽比較好。你全力以赴的模樣很可愛，而且讓我可以感受到外面世界的氛圍也不錯。」

我想，到了離開世間的那一刻，一定會想起兒子的這番話。我帶著他的話，為自己的育兒工作做一個完結，因為我已經收到永遠的祝福了。

——為我喚醒美好的回憶，肯定我人生的男人。

一九八三年節分的夜晚，我所祈求得到的「宿願的男人」，就在我觸手可及的地方。他是我在丈夫以外的男人。我希望丈夫可以再加油。

產生「時間結晶」的關係

可是，仔細想想之後，覺得夫妻真是一個很複雜的關係。

夫妻是為了生存而結合的一對伴侶，彼此一邊產生激怒或衝突（為使兩人的觀點多樣化所不可或缺的過程），一邊分工承擔家庭責任，而且一路上不是看著彼此，而是直視前方行進的二人組。

連結婚典禮當天也一樣，明明準備的程序都能順利進行，卻還要拚了命似地埋頭一一確認；事實是，連新婚妻子的美都無暇好好欣賞。

可以肯定的是，唯有能夠暫時放下日常生活的雜事，有空閒注視彼此的情侶，才可能出現萬燈籠燈會時聽見的那種對話內容吧！

——念頭這麼一轉，說不定那對男女其實不是夫妻呢。

可能是愛人？腦子裡瞬間閃過這個可能。就算是婚外關係，長時間相處下來的男女，舉止會漸漸變得像夫婦般。六十歲代關係甚篤的男女，才會有那樣的對話吧。

那兩人會不會處於似親密非親密的關係，又或者，即使有肌膚之親，也不會完全依賴對方；你說是不是一種很奇妙的緣分呢？互相保有憧憬與尊重，維持戀情不劣化，共度時光的兩個人——是青梅竹馬、工作夥伴、老師與徒弟，或是朋友辭世後留下的遺孀……？雖然我的想像一直擴大，卻沒有進一步確認的辦法。

苦樂與共，成為家人攜手向前，是一件很棒的事。

然而，若有一段緣分像「時間的結晶」，能夠產生深刻的對話，我猜想那種關係或許也是人生的一種妙趣吧。

但日語目前尚未有恰當的詞彙，可用來形容那樣的男女關係。

1.5 跨越時空的雙翼

「你是貝尼．潔瑟睿德（Bene Gesserit）嗎？」

忽然這麼嘟囔一句的，就是我最愛的那個人。

人生中會多次掉入愛河，可是我知道能以秒數計算陷入戀愛的瞬間，那是唯一的一次。

貝尼．潔瑟睿德一詞用來形容具備特異功能的女性，他們擅長用「話語的聲音」操控人心，是我最喜歡的科幻小說《沙丘》（*Dune*）的登場人物之一。

小說的舞臺設定於一個宇宙帝國，由握有絕對壓倒性權威的皇帝統治，而他底下所屬的貴族們則負責治理數個行星。

其中一顆名為「沙丘」的行星，是完全被沙漠的細沙覆蓋的星球。以人類居住環境來說，嚴酷至極，然而隨著超高價「香料」（飛行物體移動時所使用的稀有物質）被挖掘，沙丘的價值暴升至岌岌可危的程度。

故事的開頭描述主人公的侯爵一家，以新統治者的身分降落在沙丘上。

在宇宙帝國，有一個專門栽培貝尼．潔瑟睿德的地方，等同於所謂的女子大學；那裡的畢業生都會成為執政者的隨從，祕密進行合作，暗地裡維持世界的平衡。《沙丘》的主人公是年輕的侯爵保羅，他的母親潔西嘉曾是一名貝尼．潔瑟睿德。

一句話的力量

你正在研究話語的聲音對大腦產生的影響，而且還是畢業自高深莫測的女子大學呢——我最愛的人一邊笑著一邊這麼說道；然後，他用稍微嚴肅的表情輕聲細語地問：

「你是貝尼．潔瑟睿德嗎？」

他說話時的眼神，彷彿像個孩子在問大人關於「這個世界的魔法」時，好奇探問：

「你是聖誕老人嗎？」

我沒有在他面前自稱是《沙丘》的愛好者。這本書對不熟悉科幻小說世界的人來說，是有點難以理解的長篇小說，並不是一本任何人都會喜歡閱讀的作品。貝尼．潔瑟睿德這個字眼，一般不會在日常會話裡出現。

我心中隱藏的詞被他忽然掏了出來，使我不自覺地被拉進《沙丘》的世界裡。「我曾經以一名貝尼．潔瑟睿德的身分，實際生活在那個世界上。」那該是多麼不可思議的事啊！不過從那個瞬間開始，這種感覺一直不曾抹去。

人類的大腦真是不可思議的存在。話說回來，現在所浮現的「感覺」，究竟多少是現實、多少是幻覺呢……只不過，唯一能夠確定的是：在那個瞬間，模糊了故事與現實界限的他，對我來說變成了一個「特別的人」。

消除心中漣漪的方法

作者法蘭克．赫伯特（Frank Herbert）把「沙丘」的生態系統細緻周密地描寫出來。在沙漠覆蓋的星球上生活的居民，不得不依靠稀少的水源來生存。因此，人們都穿上特製的套裝，以回收排出體外或者從皮膚蒸發的「水分」。由於大自然的生態系統缺乏水的循環，於是唯一可以實現的循環就是「最小的生態系」——身體。

對他們而言，生命是「水的容器」。活著的時候，可以相伴為友；死了以後，就轉化為珍貴的水資源，沒有必要為死亡而悲傷；無論是自己還是他人都一樣。

我對這個「哲學」非常贊同。偶爾，人際關係過於複雜而感到無奈時，我就會回想起這個哲學理念。

我試著把生物想成是由一層半透膜包裹的一團水塊；此時，忽視一切其他的機能。既有會移動的水塊（動物），也有不會移動的水塊（植物），而水會在兩種生物體內暫時停留，可是以整體全面來看，水僅是流過去而已。

流過生物的水會變成水蒸氣，乘著風，再穿流過無機質的大地，最後回歸成生物的身體。森羅萬象不過是如此重複的過程而已。一切不增不減，實屬一個壯大的水循環。

站在這個角度，糾結於他人所說的話、心裡泛起的漣漪，就能平靜地消失，因為**與水的循環相比，那些「突發的言語」不過是旁枝末節。**

年過六十之後，因某人的話導致心波翻湧，並感到苦澀這種事，早已不再出現。

年紀的增長有個很大的好處。若有人跑來向我抱怨訴苦，我一心只會考慮那個人受了傷這件事，並不會讓自己感到不快，因為依照誰的理想或期望去生活，對我已經沒有意義了；現在只為活出自我。然而，對那些碰觸到「黑川伊保子」這個名字就感到不愉快的人，實在是感到遺憾，因此我總會格外謹慎言行。

這麼說來，顧及他人心情的我們，倒也不能只是把這世間當作「水的循環」來思考了。

人類會因話語而陷入愛情

二〇二一年的一個週末，華納兄弟影業出品的電影《沙丘》（Dune，日本譯為《砂の惑星》）初上映。

實際上，與初版書籍的出版相隔了五十六年。

我腦中的《沙丘》與現實的分界線變得模糊的那天，距今也經過了數十年。

順便一提，一九八〇年代大衛．林區導演（David Lynch）曾一度把這本著作翻拍成影片，可是我無法接受它所呈現的世界觀，故不能認同那是電影版《沙丘》（說到底純屬個人感想）。換句話說，對我而言，《砂の惑星》是小說《沙丘》「最初的影像化」，抱著滿腔緊繃的期待，以及要是期待落空是否能平復的不安，一個人走上了電影院的階梯。

以結論來說，電影的呈現超出了我的期待。

影像和音響壓倒性地征服了我，甚至還不知不覺地低聲喝采。真的可能這樣？從頭到尾遠遠超越我的想像，卻又同時令人覺得「和我想像的一模一樣」……

電影將小說文字在我腦中觸發的畫面，以更加美麗、更加壯觀、更加細緻的手法，在眼前的螢幕上一一展開。那裡「的確應該是我生活過的世界呀」，電影的力量實在太驚人了。

那個他，又會是在哪個電影院欣賞這部電影呢？

而且，他會同時想起我嗎？

我一邊步下電影院的階梯，一邊沉浸在甜蜜的懷舊情緒裡。那餘韻宛如極致的甜點，滿足了我的大腦。

不能走到結婚那一步的戀情，會有任何意義嗎？

這意味著——看不到「結連理」的結果，戀愛不受到祝福；若彼此用自制心來相處，就連「我愛你」這種話也不會說。

以生物學來看，不為生殖的發情肯定更是毫無意義；然而，人類卻是會陷入戀情的生物；光是一個詞就足以把兩人深深相繫。

語言也會編織未來

對我來說，「你是貝尼．潔瑟睿德嗎？」這個問句是比被男人下跪求婚，更加深切的一句承諾。

經過這麼長久的時間，二〇二一年在電影院裡的我，因為那個問句產生了特別的感覺：用貝尼．潔瑟睿德的視線，投身於電影之中的錯覺。

潔西嘉女爵打破禁止男性學習的戒律，將貝尼．潔瑟睿德祕傳的技法傳授給兒子。

兩人既為母子又是師徒的關係，一起並肩對抗巨惡；做為《沙丘》的英雄角色設定，具有獨特的色彩魅力。反觀我所進行的言語研究也一樣，就年輕世代而言，唯有兒子能夠理解其深奧的真理，並有能力協助我推動研究繼續進化，是世上獨一無二的繼承者。

一想到那個他，還有自己的兒子，我毫無疑問是世界上最享受這部電影的女人。

他淡出我的生活之後，他所留下的話語仍然繼續為我的人生送上「極致甜點」般的好時光。

為重要的人留下話語

我出生為人，卻從來不認為得到了什麼好處。一直想著下次出生的時候，希望能生為裸鰭、狼或老鷹。

可是呢，當言語穿越時空為我帶來安慰的時候，我就會想：生為人真是有趣啊！

我們絕不可能在染上藍色的海洋裡，以幾百公里的時速優游，也不可能用自己的翅膀在天空翱翔，穿梭飛行在森林間；可是，你我能夠使用語言跨越時空。相較於其他的動物，我們的身體相當不自由，卻擁有一顆能夠到達宇宙盡頭的大腦（試圖克服任何阻礙），不覺得太棒了嗎？

戀愛是為了證明這一點而存在。

為了使你認同生為人是件好事；物理學和哲學都具有相同的目的。

終極的戀愛就像終極的宇宙論。愛因斯坦（Albert Einstein）博士以曾經擁有多段戀情而出名，不過，稀世的物理學家之所以享受談戀愛，一定不是偶然。

不能結為夫妻的戀愛，也有其明確的目的和成果。

比如為了把真情話語留給珍貴的人——你所鍾愛的她（他），**有一天會透過曾說過的話跨越時空，觸碰到真實世界裡的你**，使你能夠慶祝和祝福自己出生在此的這件事實。

不，即使是結成連理的戀情，有一天也會被珍愛的人留下，單獨在地球獨自踏上旅程，為此，人類有必要留下一些話語。

基於這個理由，我們繼續閱讀書籍，繼續接觸美好的事物。

能超越時空的雙翼＝手裡掌握的語句。

1.6
奢侈的夢

我夢見了我最愛的人。

這是多久不曾發生的事了。

夢裡的他躺在我的被子裡，只有輪廓和觸感，沒有清楚的臉孔和聲音，可是我知道那是他。

醒過來時，外面正下著雨，一場冬天冰冷的雨。

啊～我想起來了。那是很久以前，我曾經有過的憧憬——在下雨的清晨，與他依偎在被窩裡一起賴床。

他的皮膚光滑，下雨天時摸起來特別令人感覺舒服；溫度稍微偏低的皮膚表面，也讓我眷戀。

在下大雨的日子，因交通工具受阻動彈不得，我們因而有了第一次一起吃飯的機會。那天，瀑布般流瀉而下的雨水，敲打在斜斜的大天窗上，我們兩人就那麼凝視著。那時的我心裡有個念頭：想和這個人一起度過雨天的早晨；不用在意時間，單純只在下雨天的早晨待在一起。

那曾是一場奢侈的夢。

彼此在人生最忙碌的時期相遇，當時沒有共組日常生活的兩個人，夢裡的那種場景根本不可能會發生。儘管如此，我後來只對他提過一次那個想望。

我最愛的人溫柔地笑了，「兩人在一起的時候，若奇蹟似地下起冷雨就好了。」

「即使下起奇蹟似的冷雨，我們也沒辦法在早上賴床吧。」我回應道。

整件事就到此為止。

那個嚮往竟來到了我夢裡——於冬天的清晨，離那次對話近二十年之後。

大腦的新階段

由於夢境太過柔情，我不禁想：他是不是發生了什麼事呢？他會不會認為至少要用靈魂飛越一切來實現我的夢想？即使已經淡出，還是會令人那麼猜想，因為他是個深情體貼的人啊。

我訝異的是，「他是不是發生了什麼事呢？」的這個假設，並沒有使我感到一絲絲的悲傷寂寞。

這不是說我對他的事情已經感到無所謂，或許應該說，他在我腦海留下的記憶過於確實，那感覺超過肉體的存在。

話雖如此，只有輪廓和觸感的夢境，是做夢常有的情況嗎？活到今天，沒有具體形狀的夢境，我倒是第一次夢見。

難道是我的大腦跨入了新的階段？

不用擔憂忘記事物

好像是年紀進入四十歲後半的時期，我自覺到頭腦變得容易忘東忘西，那時稍微有點不安。

那段時期的某一天，向我的語言學老師請教，坦白描述自己懷有的這種不安。年齡應該有八十的老師回應道：「你忘記的仍然只是專有名詞對吧？專有名詞的話，沒什麼問題的。」

他接著又說：「早晚，你會再活四十年，到時候連普通名詞都會忘記。一旦開始忘記普通名詞，事物的存在價值也會變得愈來愈不清楚。比方說，看著飯勺，你忽然想『這叫什麼啊？』那一瞬間，頭腦一片黑暗，使你想不起那個東西是做什麼用的。」我的頭腦裡浮現一個影像：飯勺如細沙般迅速地流失，變成一片虛空。頭腦懂得辨識的東西逐漸消失。「那的確是很可怕的事呢！」我的膽怯引來老師的笑聲。

「不用擔心。多餘的東西會漸漸消失，你記不得飯勺是因為不是自己盛飯；反過來說，正在盛飯的時候是不會忘記飯勺的。」

大腦會把不需要的東西忘掉。原來如此。

這種情況既然會發生在普通名詞上，那麼只是忘記專有名詞，確實沒什麼大不了的。

叫不出安潔莉娜．裘莉（Angelina Jolie）這個名字，的確不會對人生造成什麼改變。不過，要是忘記「女演員」這個普通名詞，可能就會感到有點難過了……但是，我猜那情況是因為沒有想看電影的關係吧。

從那天起，我就不再擔憂忘記東西這件事了。**大腦的認知範圍如果變狹窄（而且是對「活在當下」不必要的東西開始消失的話），選項也會跟著減少，那麼整理出解答的速度就會變快了。**這表示大腦變得更加可靠、直覺更強的意思吧？

簡言之，也可以說是大腦變成熟了。

心獲得釋放的瞬間

現在這個階段，我還沒有忘記普通名詞（個人認為）。雖說忘了也沒關係，但是既然身為大腦與語言的研究者，我希望親身體驗看看那個過程。不過，是否會有自覺的時間（從忘記名稱且不知道用途，至完全無法認知該物品本身的時間間隔）仍是個疑問。

只是怎麼看，那樣的時間間隔好像幾乎不存在，擁有自覺應該很難。

事實上，幾天前我親眼目睹這種情況發生在九十歲的母親身上。

在醫院的診療室，護士取出體溫計遞給母親，她馬上問說：「這叫什麼呢？怎麼用啊？」

那時，母親因生命徵象偵測結果異常，一天要測量好幾次體溫和血壓，於是對數值總是非常地敏感和在意。假如有發燒或什麼狀況，整個人就會大驚小怪，舉出好幾個重大病症，然後心情落入沮喪。

雖然如此，母親那天卻對量體溫的結果不感興趣。輕微的發燒症狀令醫師擔心得站在一旁，而原本應該會小題大作的母親，卻是一臉冷淡的表情。

難道這就是語言學老師說過「忘記普通名詞」的實際情況嗎？我的胸口狠狠地被撞擊了一下。母親的確是問「這叫什麼呀？」，而不是說「這個是什麼？」以前知道的詞彙先消失了；手指指著「這個」的瞬間是知道其用途的，接下來卻連用途也跟著忘了。

可以察覺到自己忘記了的時間非常短，就在一瞬間，母親把這世上存在體溫計的事實以及「發燒」的概念都忘光了。有一天我應該也會像那樣，漸漸對某些東西視而不見吧。

另一方面，我覺得變成那樣也不錯。母親即使聽見「因為發燒的關係，讓我們做一下檢查」，也不會感到特別不安，直接進入檢查樓層。也可以說，母親捨離了擔憂，脫離拘束而變得自由了。

那樣的母親在進入檢查樓層之前，回頭看著我說：「你呀，回家去睡一覺。明明累壞了，這種地方你不在也沒關係。」

育兒最忙碌的那段日子，我一回娘家就會馬上說：「母親大人，拜託，讓我睡三十分鐘就好。」我那一副睡死的模樣，母親應該是難以忘懷的吧，儘管現在體溫計都不記得了。

「母親大人。」我不自覺這麼喚道。母親的支持幫助我走到了今天，母親賜予我生命，用雙臂給我擁抱，然而我卻什麼也幫不上忙。母親的恩惠難以報答，我一邊這麼想著，一邊感到迷惘。

大腦一定會溫柔迎接死亡

母親最近變得像幼兒，天真又可愛。

我因此發現了一件事：**人啊，會歸往來時路**。

大腦會依照記憶的相反順序把詞彙忘記，不久母親勢必會回到只依賴肌膚溫度而活的那個時期，回到自己來的那個世界。

我敢說，那個過程可能就是關閉大腦最幸福的方式。

母親現在像個幼兒，好多次纏著要聽同樣的故事似的，重複說同樣的話語，一次又一次地詢問孫媳婦的名字。

母親：「小伊，你媳婦的名字叫什麼呀？」

我：「是愛子啦。」

母親：「啊～愛子。名字真可愛呢。娘家在哪裡呢？」

我：「熊本。」

母親：「熊本？和我娘家一樣在九州呀。真開心！我還沒出嫁以前，曾經為了學跳舞在熊本住過一段時間呢。唉呀～真是令人懷念。」

孫媳婦出身熊本這件事讓母親高興得不得了，以至於把孫媳婦的名字忘得一乾二淨。於是，這個對話就一直重複上演。

從前，年幼的兒子央求我一再閱讀同一本繪本時，我也會重複地享受那個故事的結局，因為兒子睜著圓圓的眼睛聆聽的模樣實在很可愛。

現在，我帶著微笑一次又一次聽著母親的話，因為很開心聽到她的笑聲。

母親繼續歸向來時路的行進，比預期中快。

此生的始點是僅僅依賴母親肌膚的溫度活著的時期；母親現在應該是想回到那同一個地方去吧。

不久後，那時刻真的來到了，而我真心渴望能握住母親的手道別，然而因新冠肺炎疫情的關係，根本沒有讓我有機會那麼做。

至少再給我們多一點時間，再一些些就好，真希望時間莫催促……雖然我整個人處在悲傷之中，今早的夢卻多少讓我感到寬心一點。

那個只有觸感的夢境，使我感到無比真實。早晨的某個時刻，我確實依偎著那個他，隨著同一節奏起伏呼吸著，一邊聽見了下雨的聲音。我意識到大腦深層裡的感性記憶竟然可以如此真實。

同樣地，母親一定也夢見了觸感無比真實的夢境，可能母親本身想起了被自己的媽媽抱在懷裡的記憶。或是，母親的大腦深層裡儲存的、被某個人用雙臂抱著的記憶。

面對摯愛的人一步步走向永別，而我們即使想擁抱對方卻無法如願，這種時候會因為沒有付出足夠的照護而感到痛心——假如你正好是這樣的讀者，希望你能稍微放下肩膀上的重擔。

大腦一定會善待一個人的死亡，尤其是循著生命老化的軌道而逝世的人。

真正的告別

在我最愛的人的頭腦裡，我是從哪個時間點開始消失的呢？在人生最後的瞬間，那個人會如何看我這個人呢？

——嗓音？

「你的嗓音獨特，很溫和。」不知是褒還是貶，因為他有好口才。

但願在那個人的腦海裡，「最後的我」可以為他帶來極度的安寧。

那麼，在想不起來的瞬間，那個他應該像抓住虛空般，必然感到難過不已。

在最後，為了我而感到一點點心痛並不為過吧？

還是說，他早已把我遺忘了。

把我當作微不足道的記憶，在忘記的瞬間連一絲焦躁也沒有。

嗯，那樣也罷。如果在送走關於我的記憶時，那個人的心裡沒有泛起任何漣漪，那麼以「大人系戀愛」的角度，評價應該算高的吧。

1.7 女人的最終武器

「你喜歡我哪一點？」

曾幾何時，我這麼問過最愛的那個人。

「可以安靜待著的性情。」沉思了一會兒後，他如此答道。

啥？我不禁在心裡大叫一聲。那時忍不住回了一句：「那是什麼回答啊？」而他好像愉快地笑了。

感覺被他巧妙地躲開了問題，因此令人有點傷心。我覺得自己面臨的難題是，我們並不是那種可以開門見山相愛的緣分……。也許這種心情浮上了我的臉，使他有點手足無措，「那個，可是非常難能可貴的優點喔。」他凝視著我的臉說道。

沒錯，現在看來，我知道那是他所給予最棒的讚美。

畢竟，**男性腦最喜歡的就是安定的沉默；如同女性腦偏好充滿共鳴的聊天一樣。**

男人不說話是放下警戒的意思

一旦開始談戀愛，就會變得比誰都想了解他的一切。

當他身邊的女孩子問起關於他的日常小事，就會感到不安而且非常在意；莫名地認為比起自己，那個女孩子讓他更能敞開心扉。

不過，事實正好相反。

男人如果真的敞開心扉時，就不愛說話了。

假如事先不知道男性腦的這個取向，女人會變得疑神疑鬼，到頭來不小心自食惡果。好不容易贏得他的信任，自己卻冒出種種的懷疑，不是太可惜了嗎？

女性在談戀愛之前，最好能夠確實地掌握這項原則；反之，男性若能仔細解讀女人心就最好不過了。身為戀愛的對象，雙方都該避免自顧自地變得疑心重重，別讓一段戀情最後因為相處太辛苦而不得不放手。

女人靠說話來提高生存的可能性

女性腦會藉由談天得到滿足；正確來說，是充滿共鳴、不著邊際的閒聊。理由在於，數萬年來女性靠著談話的技能，成功提高了生存的可能性。

我持續研究人類的感性已將近四十年，把人腦視為一組裝置（本來大腦顯而易見就如同電器的迴路），並將其中的機能模型化，使人工智慧也能夠模仿，就是我的工作使命。

大腦機能是為生存與生殖所創造

進行這項研究的過程中，我們清楚發現，人類大腦是如何為生存與生殖建構各種的機能。比如，有左撇子和右撇子的分別，也是為了提高生存可能性的結果。

被東西絆倒而栽跟頭的瞬間，如果不能立刻決定要伸出哪一隻手做反應，大腦就必須進行選擇的演算。意思就是，必須「思考」伸出哪隻手比較有利。這麼一思考，就贏不了地球上重力加速度的物理原理。

如果條件相衝突（閃右邊也不是，閃左邊也不是），應該閃躲到哪一邊的選擇演算，就會花上一段時間，自然就避不開朝著身體正中央飛過來的石頭。

因此，大腦會提前決定好用哪一半的身體優先做出反應，把它當作在瞬間能毫不猶豫選擇的一邊，就是我們所知道的慣用手。

反過來說，假如沒有慣用手，生存的可能性就會顯著降低；這一點可以從沒有任何一個人沒有慣用手來證明。縱然其中有些人是和我一樣，從小被教導使用與慣用手相反的手，所以偶爾會產生混亂。

我天生是個左撇子，卻被教養成右撇子，並非強迫學習的結果，而是本能地直接使用被放進右手的筷子和鉛筆，日積月累養成了習慣。我可以正常使用筷子和鉛筆，可是由於慣用手和慣用腳不一致，投球或踢球都不是直線飛行。跳高的時候，因無法決定該用哪隻腳踩踏切板，於是造成錯過踏切板、抱上橫桿跑著穿過的結果頻頻上演。簡單說，就是運動白痴。

另一方面，我相當擅長跳舞和滑雪，不只是受到他人稱讚具有天賦，我自己也能感覺得出來。如果運動本身的設計是左右對稱，可以依靠身體內部自行掌握平衡來進行，那麼即使慣用手和慣用腳兩邊不一致，自己的內在能夠妥善解決就沒問題了。

與其說是不協調，說不定那種情況反而更加有利；比起慣用手和慣用腳一致的人，更容易取得肢體的平衡。

即使杞人憂天也是重要的能力

關於慣用手還有一個例子來解釋大腦斷然決定的理由。

進行研究的過程裡，我發現大腦完全不會做徒勞無益的事。

即使是帶著擔心不斷回顧過往，也是有意義的。現代社會的眼光變了，把回顧過去且煩惱不已的人視為沒有用的人。我們一般會被指導要保持正向態度去生活對吧？但事實真的如此嗎？

例如，一座村落受到襲擊的時候，只有「相信勝利，果敢戰鬥」和「嚮往其他國度而踏上旅途」這兩種人可以嗎？兩邊都抱持正向的態度，但兩邊都是包含了全民滅亡可能性的極端選擇。這種時候，經常回顧過往而擔憂的人，可能會選擇隱居或者迎敵作戰而生存下去，不是也能夠把人類的基因傳承下去嗎？

我即使遇到經常回顧過往而擔憂的人，也完全不會認為對方的性格是負面的，而是把他們看成一群後代子孫，其祖先是具有憂心忡忡性格而且成功生存下來的人們。何況在他們躊躇不前的過程中，還可能有規避風險、意外的商業新發現等機會。假如本人想從這種性格掙脫，倒是有實用的對策可實施（這個主題留待另一本書再談吧）。

女人愛講不幸的理由

男人們會用「沒用的話」一手揮開女人們的聊天內容，可是聊天的背後其實存有生存與生殖的重大祕密。

大部分的女性都會忍不住把發生在自己身上的不幸，一一向朋友們訴說。比如，小孩差一點被火燙傷的隔天，在公園裡碰到媽媽朋友們，就會感情流露、有聲有色地到處傳播。「這孩子昨天啊，差一點把整隻手伸進鍋子裡耶。嚇死人了～還好我快速一把抓住他。」

大腦會因感情的觸動而想起記憶，某種程度還能再次體驗當時真實的情境。因此，**「感情豐富到處說」的行為是為了讓那一次特別的經驗在頭腦裡放大，接著促進大腦提升敏銳度，以避免再次重複同樣的失敗，僅此而已。**沒錯，這舉動可以說是為了提高危險回避能力所進行的大腦練習。

反過來，聽的一方也能獲得很大的好處；若能對那一番話產生共鳴，簡直就像參與了一場模擬體驗。頭腦裡面，感情與「他人的經驗資訊」一旦產生連結，大腦所感知的內容就好像是自己真的經歷過那樣。總而言之，明明自己的孩子並沒有碰到實際的危險，卻能透過改編大腦的資訊，告誡自己不要讓同樣的事再次發生。而且，與感情一起儲存的記憶，即使經過多年，往事依然歷歷在目。

對於媽媽朋友的鍋子燙傷未遂事件心生共鳴，做出「哇～太可怕了」反應的女性，今後的人生裡，每當餐桌上端出熱騰騰的鍋子時，絕對會再三確認自己的孩子不要伸手去碰。就算那個孩子長到了三十歲，不，甚至活到了六十歲，媽媽仍然會照做不誤。

這也是為何孩子長大成人後，總是認為媽媽不管什麼時候都在「說不必要的話」。

我的老家也一樣，有看護照顧的母親還是會對著年過花甲的弟弟，叮嚀一聲「很燙要小心啊」，惹得弟弟不大開心地回嘴道：「別說沒用的話，快點吃啦。都自顧不暇了還說……」我自己一想到母親是花費了多少心力把曾經幼小的老么扶養長大，就不禁心中滿是激動，但反過來想像如果自己是一直陪在母親身邊的弟弟，我其實也不能多說什麼。

世上沒有「無益的話」

女性總是帶著豐富的感情，一再重提「自己遇到的不幸」。這是數萬年來，完成養育孩子任務的人類女性們自然具備的素養。

男人把它評價為「說了也幫不上忙的話」，甚至會斷然回應「已經結束的事就不要再碎碎念了」。不管有多少人這麼認為，但是若少了這個女性大腦的習慣，人類應該無法生存下來。對負責教養孩子的母親來說，無論是誰都有毛骨悚然的記憶；實際嘗試去做的話，就會發現養育兒女這件事常常與危險如影相隨，讓人老是提心吊膽。

這麼思考的話，我們對總是在說不必要的話的老母親，是否能多給一點寬厚的溫柔呢？

再說，數萬年來，女人藉由「互相產生共鳴的聊天話語」，提高了生存的機率，因此女性腦總是把談話的喜好度設定在最高。

感到不安時，會想和人聊一聊；感到悲傷時，會想和人聊一聊；遇到高興的事情，會想聊得更多。即使最後得不到結論也沒關係，只要能做到願意熱心地傾聽訴說，深深給予共鳴，她就會認為是最棒的了。

這個觀念非常強烈，以至於女人們以為男人也喜歡聊天。女人普遍會秉持著親切的善意，滔滔不絕地談自己的事，藉此希望能聽聽對方的事，卻沒料到男人竟然冷淡回應：「無關緊要的事嘩啦嘩啦講一大堆，還問東問西想窺探我的事。」漫不經心地一點都不明白女人的心思。

當女人面對「工作上好像有煩惱」的戀人，即使想試著去傾聽，事實上只會造成適得其反的結果。原因就在於男人擁有完全相反的感知迴路，有史以來，一直是憑著沉默來提高自己的生存機率。

男人只想安靜

男人們經歷數萬年的狩獵和地盤之爭。

走入森林，男人們自然會變得寡言沉默，因為憑著水聲和風聲的細微變化，就能知道前方地形會如何展開——有懸崖的地方，河川是以蛇行流淌等訊息……當然也不會錯過野獸出沒的蹤跡。

男人們會一邊仔細聽，一邊盡力拓寬視野，把遼闊的空間一口氣掃描一遍。一旦以這種模式使用大腦，說話所啟動的神經迴路次數就會減至最低限度。事實上，據說男性腦「說話所使用的領域」是女性腦的數十分之一而已。

由此可見，**男性腦總是把「安定沉默」的喜好度設定在最高**；面對漫無邊際的談話會感到沉重的壓力。承受壓力時，女性只想要聊天，而男性只想單獨安靜。

單純只想待在親愛的人身旁，得到溫柔的靜默時光——假如把男性腦神經迴路特性的數據列入參考，那麼對於男性腦來說，應該沒有比這種時刻更教人平靜安穩的了。

開頭時提到的問題——「你喜歡我哪一點？」，以及後續得到的回應——「可以安靜待著的性情」，其實就是最真實、最棒的答覆了。

女人應擁有享受沉默的餘裕

不在一起生活，而且不需考慮生育問題的兩個人，應該有享受沉默的餘裕。談戀愛、結婚生子、養兒育女，那種王道式戀愛必將捲入殘酷的生存戰略。為了順利將孩子教養長大，妻子會榨取丈夫所擁有的資源至極限；即使取得了全部的時間、金錢、情感、工夫，頭腦仍然會執意地認為還不夠。如果不多加用心留意，對丈夫感謝的話會消失，慰勞的話會消失，體恤的話也會消失；最後導致的是，自己為了消除壓力，用怒濤般不著邊際的嘰哩呱啦來攻擊丈夫。然而，原本就不擅長談話的男性腦，受到這樣的對待後，更難具備同理心，妻子說得愈多，丈夫愈覺得孤獨。

即使兩人努力跨越這個溝通差異，把孩子教養長大了，為了讓整個家能夠運轉，還有一大堆事項需要聯絡及協調。如此一來，兩個人想擁有享受沉默的餘裕，其實是非常困難的。

另一方面，無法實現王道式戀愛的兩個人，卻能夠擁有「享受沉默」的餘裕。

餐廳裡，等待下一道菜上桌前的空檔，不必把「車子的保險費付了嗎」這種事拿出來確認，也不必叮嚀「上次你的領帶沾到了醬汁，這次要小心喔」。兩人只管盡情投入在一起的當下，讓眼睛欣賞窗外飄落翻舞的枯葉，暫時眺望街道邊的路樹也很好。

所以說，大人系戀愛裡，關於他的事不要俗氣地想打破沙鍋問到底，也不要干預他的日常瑣事，完全不要碰就好。**愈能夠給予對方安靜愜意的沉默，愈能夠變成一位令人捨不得放手的女人。**

希望為身邊的人帶來「安逸的沉默」，需要一點小訣竅，光是閉上嘴巴待在一旁是行不通的。首先，不要急急忙忙地動來動去，也不要超前一步做什麼動作，或是勤快地想幫一點什麼忙。時間上，你要比他稍微慢一點，你的舉止必須盡量緩慢。

接著，你要對他以外的事物抱持強烈的好奇心，讓自己整個人「看起來好像很開心」。比如，被窗外的風景吸引，或者享受著餐廳的裝潢或酒吧的氣氛等；至於用餐和飲酒時，也要慢慢地品嘗和享受。

當然，如果在王道的戀愛路上能夠做到這一點，會是非常棒的事，讓自己變成「可以安靜待著」的女人，在那個他的身旁，展現出恬靜、樂在其中的模樣。

容顏即使衰老，依舊可以給男方「安逸沉默」的陪伴；若能如此思考，這種陪伴可能就是身為女人最終的武器。

男人該製造只有女友知道的祕密

在此，也想對男人提出一個建議。

向女朋友坦白私人的祕密也沒關係，意思就是製造一個誰都不知道，唯有女朋友知道的祕密。

真的是再細微的小事都可以，「其實我比較喜歡溫啤酒」、「雖然不喜歡甜食，但只有深夜喝咖啡會加砂糖」、「留長指甲的女性令我毛骨悚然」、「魚子和飛魚卵那種一粒粒小顆的東西會讓我起雞皮疙瘩」等，把不敢在同事夥伴面前說的事說出來就好了，比如某種喜好和某個弱點。

知道他人不知道的事會使女朋友感到一種從容，繼而避免她落入多疑與猜忌之中。

1.8 大人的條件

某日，有位女性友人對於八十多歲母親惡意的曲解，深深地嘆息。

那位母親從櫃子裡拿出一件毛衣，邊看邊說：「很花俏耶。」友人回應道：「沒那回事啦。您的皮膚白皙，穿什麼都好看呀。」可是過了幾天，那位母親卻胡攪蠻纏地說：「你那天對我說，人老了，所以不用在意毛衣是什麼顏色，是不是？」

她母親從以前開始，無論什麼事都看成是惡意，把沒說過的話也說成真有其事，兩人為此吵吵嚷嚷。眼前的友人會是說那種話的女兒嗎？思及此，我不禁覺得遺憾，覺得那位母親真的會讓人討厭……友人皺起眉頭，深深地嘆氣。她與親生母親同住，最近她整個人身上多了一分憂鬱的氣息。

她母親把世上所有事物都用惡意的鏡子反照，還有比這種居家生活更不幸的嗎？很久以前，少女時期的我讀過一本繪本，內容描寫「說話時，從嘴裡掉出瓦礫和蛇的公主，以及從嘴裡掉出玫瑰和寶石的公主」兩人的故事；那位母親就像書裡的瓦礫公主。

話說，日本的母親多多少少都有那種傾向，只是友人的母親稍微嚴重了一些。

友人歪著頭問道：「成為大人，究竟是怎麼一回事呢？」

這種時候，的確令人困惑該如何是好。她的父親曾有嚴重的家暴行為，導致她的母親歷經煎熬，怎麼想都確實是個可憐的人。可是，她實在沒辦法溫柔地對待自己的母親；頭腦裡想著自己一定要有大人風範，卻不管怎麼做就是辦不到。

友人實在太可憐，以至於連我自己也變得束手無策，只能重複她的話——「成為大人，究竟是怎麼一回事呢？」

女人希望聽你說「才不是那樣」而展開的吹毛求疵

那天晚上，我找到了答案，弄清楚「成為大人」是怎麼一回事。

在被窩裡，我首先試著想像一個場景：我媽媽說了和友人的母親一樣的話，換作是我會如何去應對呢？

然後，我就明白了。如果是我，就會對媽媽說：「媽媽，您在說什麼呢？根本搞錯了吧～（笑）我那時說的是——您的皮膚白皙，穿什麼都合適喔。」

就算我的媽媽這樣無理取鬧，應該是希望聽到我再說一次「皮膚白皙，穿什麼都合適」；本意並非要鄙視女兒的心情，反而是帶有「撒嬌乞求」的意味。

即使是我本身，也能想通這一點。

「你說過，我的事怎樣都無所謂是吧」——戀人胡鬧糾纏時，男朋友會用溫柔的表情對你說：「我沒那麼說。那個無所謂是指菜單的事呦。我怎麼可能把你當作無所謂。」

怎麼可能把你當作無所謂——我想要得到這顆甜蜜的「糖果」，所以纏著男朋友不放。我曾經最愛的那個人把我的指責適當解讀成一種乞求愛的表現，因此總是能夠不慌不吵、溫柔地應對，最後使我感受到自己被融化了的心情。

那個他，果然是大人啊。

也有些男人面對這種情況時，會出現惱怒或反擊的舉動。那種反應和開頭提到的女性友人是一樣的，大致就是「感覺自己的心意被懷疑而不快」。如果你問我，我會說他們仍然是個孩子（微笑）。

受到珍愛的人攻擊時，如果能把那些話語當作「撒嬌乞求」的意思來聆聽，不就足以證明自己是成熟的大人了嗎？

這就是為何與成熟的男子談戀愛，是非常棒的一件事。

解讀女人的挑剔＝「撒嬌討愛」

假如，親愛的人不合理的挑剔使你感覺像燙手山芋，不妨試著將它視為一種乞求愛的表現如何？

你心裡清楚可能會從對方那裡得到否定的話，但就像享受一顆糖果般，開心地去接受否定的話吧。

女性從小就會這樣說：「我就是不行嘛」「我不夠漂亮嘛」，並早已預想會得到類似這樣的回應：「你不是完全不會啦」「誒～你的眼睛明明就很漂亮啊」。對女生來說，類似的對話就像一場預料之中的遊戲。

順道一提，患有自閉症類群障礙，對於人際關係的微妙之處感覺遲鈍的我，通常會在這種時候給對方鼓勵，例如「確實不能這樣，但只要努力改善這部分就沒問題啦」，結果卻往往被朋友嫌棄（苦笑）。

這就是為何我真的可以理解，大多數的男性是抱著什麼樣的心情，不自覺地做出類似的回應。不過，**若能事先了解無理的挑剔實質上是撒嬌乞求愛，大人的戀愛就會變得非常甜蜜**。希望大家能記住這一點。

假如你認為「才不是呢」，我女朋友的情形是真的生氣，不是撒嬌討愛。

比方說，女朋友的吹毛求疵是真的在攻擊你，即便如此，用一句「根本沒有那回事」就足以讓女朋友的內心冰釋前嫌了。

無論如何，做出反擊的話，雙方只會落入互相揭短的混戰。你這時可以說的，就只有上述那一句話而已。如果是這樣，何不一開始就把看似找碴的行為，當作在乞求愛呢？這樣反而能使你的內心變得安穩寧靜，繼而將這份平靜的心傳遞給女朋友；她一旦意外品嘗到糖果般的甜蜜，也許就能感到心頭一暖而放鬆下來了。

就算反擊回去，也是沒有任何一點好處。那麼，就用一句話或多或少化解開疑雲吧！

年過三十有超乎常人所想的魄力

對成熟大人的女性，也有一項建議。

「希望聽到『不是那樣』而不禁開始挑剔」的行為，唯有在少女時期能夠被當作是「乞求愛」，頂多到十五歲為止。在二十歲代，勉強可以用來加強戀愛的感覺，但是三十歲以後還這麼做的話，就與那位瓦礫公主似的母親相去不遠，會給人一種惡意曲解意思的感覺，導致對方只看到威嚇而已。

倘若想藉由撒嬌耍賴乞求到愛，那麼眼睛一定要充滿笑意才行喔，宛如新垣結衣被世界的一切逗樂的模樣，眼睛閃爍著調皮笑意。成熟大人的女性只有用捉弄的語氣責怪時——「你那時說不在乎耶～」是可以被包容的。

可悲的是，大腦並不會注意到自己正在經歷的轉變。儘管本人想繼續當少女，可是從周圍的人看來，她卻已是具備十足魄力的人了。因此即使是同一句話，直到某個時期為止，人們會溫情地接受；但是總有一天會開始令對方感到厭煩而做出反擊。

人們會隨著年齡增長而表現出撼動的力量，其理由是大腦的判斷速度變快了，進而能迅速傳達至周圍環境；這和皮膚或體型等外表問題不相干。

過了二十八歲之後，大腦會把瞬間判斷力切換至高強度模式；腦神經迴路變得洗練，判斷的速度加快，在既定時間內能夠做出判斷的事情增多至壓倒性數量等。因此，眼力變銳利，言辭更加簡潔有力，整個人散發出不可動搖的氛圍。我們可以把成為大人形容是轉型為「專業人類」的里程碑，而且周圍的人都看得出來。

我在三十一歲時專注於研修企業領導力，當時的商業顧問如此指教道：「你太過於低估自己發言的影響力了，誠實說『好』或『不行』的回應，會意外地深深刺進部屬的心。既然過了三十歲，就不應該再用少女的口吻說話了。」

由說話口氣可判斷出女性的年齡

事實上不久前，有一位男性部屬精神崩潰，根據企業護理人員的說法，原因出在身為上司的我身上；雖然我是個經常稱讚部屬的領導者，唯獨對他沒有給過讚賞。那位部屬並非比別人差，而且正好相反，他是能力優秀、把工作處理得無懈可擊的人，正因如此使我疏忽了給他肯定。當時，我拿捏稱讚的主要時機點，都是每次「努力之後成績向上衝」的時刻。

商業顧問教導我要慎重地給予稱讚。上司的一句「很好」，其實出乎意料地沉重；對受到讚賞的人是好事，但是對沒有受到讚賞的人來說，可能會造成傷害。而且，如果沒有受到稱讚的正是一直拿出優秀成果的人，傷害就特別嚴重了，感覺像自己的存在被忽視了一樣。

一位心理學專家曾說：「女性的年齡不是用肌膚判斷，而是從說話口氣的簡潔有力而得知。」二十歲代的時期，要用黑白區分事物的時候，會說「這是白的，對吧？……我這麼想啦」大概是這樣的口吻。一旦過了三十歲，會說「這應該是白的」；過了四十歲，就會說「這肯定是白的」；過了五十歲，就算被指正「這是黑的喔」，仍會有魄力地回說：「白的不行嗎？有問題嗎？」

本人的感覺雖然與十四歲時沒有差別，然而大腦確實是已到達「專業人類」的階段了。

本人認為自己還是鴿子，飛行降落在公園裡四處乞討食物，但是周圍的人都看得出來你是老鷹……現實狀況就是這樣。令人冒冷汗吧？女人過了三十歲以後，多少要意識到這點事實比較好。

用有魄力的口氣說出「你認為我怎麼樣都無所謂是吧」，會給對方造成負擔，有時候可能會使大人系戀愛就此彈開。大人系戀愛不可能把戀人放在第一優先，若受到那樣的怪罪，很可能會令對方感到絕望，認為「再也沒有什麼可以補救的了」，最後只好離開。

口香糖的戀愛和糖果的戀愛

我最喜歡的女性朋友曾說過這麼一句話：「年輕時談戀愛就像嚼口香糖，咕唧咕唧地用力嚼，直到沒有味道了才丟掉。大人系戀愛則像吃糖果，慢慢舔含享受那種過程。」

說得真妙，是不是？

戀愛的糖果不能用力咬碎，帶著魄力的「撒嬌」可能會造成反效果，因此請小心謹慎使用。

大人系戀愛就像吃糖果，偶爾在舌尖上轉呀轉，享受那份存在感與甜蜜。之後，漸漸地變小，最後只留下餘韻而淡去。請在人生裡好好享受一顆糖果吧！

第二部

戀愛的情景

進入第二部之前

第二部揭露的是我四十歲時所撰寫的文章。原本刊登於朝日新聞出版的公關雜誌《一冊書籍》，是二〇〇〇年秋陸續連載兩年的專欄「感應心語」所收錄的內容。一度曾由筑摩書房編輯成單行本，不久後由河出書房新社以文庫本出版。我想忠實讀者們當中，可能有人已經看過這些文章了。

然而，這些文章在本書再次獻曝是有其意義的。這些內容包含了我心中過多「無法向他人傾訴的思念」，以及在自己的大腦創造出來的「幻想戀愛」。

文章裡交錯的對話，全部是實際發生過的談話，我是寫不出謊言的。只不過，原本大部分的對白，並非像內文所描述的輕聲耳語，也不含官能刺激的意味。

在大部分對話中擔當男朋友角色的是個具備哲學涵養、慣用模稜兩可語言的人；

而我單方面將他的話用五感去體會，以完成文章的可讀性。

每個月刊登文章的新雜誌會寄送到他的地方，當作是我送出的唯一情書。有的時候，他會用甜蜜的微笑分享一點近似揶揄的感想。「把那句話轉成那種方式來解讀，果然只有『黑川伊保子』辦得到。」「能把任何東西注入五官感性的魔女呀。」

有次無意間看見他的書櫃上，一本不漏地保存著全部出版的雜誌。雖然我們之間不存在「男女關係的目標」，但是那個回應已足夠了。現在回想起來，我猜，他大概是刻意想讓我看到的吧。

我在漫長的人生當中，走過了那樣的歲月風景。帶著微微疼痛的心情喜歡上某個人，但那並不代表另一個人變得討厭。儘管不能為了戀愛拋開當時身上的責任，但是為了讓自己能夠好好度過往後的人生，我想讓那份情愫獲得昇華。

我們之間交流的對話記錄，就如同把又苦又酸的果實，用一大堆砂糖熬製成果醬那樣寫了下來；裡面不是橘子皮，而是橘子醬。雖然是完全不同的東西，卻意外地清楚刻畫出了「橘子的本質」。某天，他嘀咕道：「你的文章也有比較貼近真實的時候。」

「哪一篇？」我緊接著追問，他卻絕口不答。無法回答才是正確答案吧。果斷正向的我，自行決定把最感性的那一篇當作答案，然後從中感到心滿意足。

說實在的，他指的肯定是最拘謹的那一篇。我所擁抱的，也許不過是幻想，就算如此，那又怎樣呢？

彼此能夠多少懷有幻想，是「沒有結論的大人系戀愛」的優點。而且，那個過程會像糖果融化般逐漸消失，最後只留下甜蜜的餘韻而淡出彼此的生活。

第一部是早已從大人戀愛退場的六十二歲的我，從「對岸」給予讀者的建議；第二部則是四十歲的我，一邊煎熬，一邊將情意昇華的記錄。無論如何，希望組合這兩部分請讀者一起讀。

獻給因沒有目標的戀情而受苦的你。

獻給徹底忘了什麼是戀愛的你。

所謂成功結婚生子的王道戀愛，不可能在一生裡多次體驗，普遍來說只有一次。

可是，人的大腦有時候會不禁拾起王道戀愛以外的戀情。該如何昇華那份情愫，又使它淡去呢？我想，解答就藏在「專業人類」＝大人生存之道當中。

話雖如此，卻令人感到苦澀，對吧？所以，我為你獻上了這本書。

——接下來，請繼續跟著我踏上好好疼惜心痛的旅程吧！

2.1

心思的科學

在星光滿天的深夜裡散步是一件愉快的事。然而，一不小心就對作伴的人問了不該問的話。

「你也覺得高興嗎？」牽手一起漫步的女伴問起這個問題，成熟的男子除了 YES 以外，怎麼可能有其他答案呢？儘管早已心知肚明，還是不經意地要問，這是我的弱點。

「嗯，高興。而且開心。」

不過那一晚，他的回答有點不同，令人感覺美好。

「高興」與「開心」不同

以意思來看，快樂與開心很類似。根據日本旺文社出版的《國語總和新辭典》，「高興」是「充滿喜悅，心情開朗雀躍的樣子」；「開心」則是「喜悅和快樂」。兩者幾乎沒有差別。

不過，這兩個形容詞在我們的日常生活裡，卻有微妙的區分和使用。比方說：與戀人相遇很開心，和朋友見面很高興；願望實現令人開心，夢想成真令人高興。這些用起來很自然的句子組合，在你看來應該也很通順吧。

話雖如此，如果改問：你是如何區別兩者的使用呢？一旦要說明清楚，卻又意外地困難。

其實，這兩個詞──「開心」和「高興」──各自具有完全不同的表情。嘗試從發音的身體感受來剖析，就能發現我們在使用上做出區分的理由。

發音的身體感受──體感，指的是發出音韻的聲音時，肌肉的動作會經過掌管無意識領域的小腦，在右腦形成一個印象。這與左腦操縱的意義處理是截然不同的路徑。簡言之，我們的大腦藉由解釋字詞的意義，在潛意識當中設定一個音韻的情緒影像，也就是一般所稱的「語感」。

我們按照發音的體感來比較這兩個詞看看吧。

開心是表達思考長度的字詞

開心（注：日語發音順序為 U-RE-SHI-I）的發音，一開始是在口腔裡用一股朝內的力量發出母音「U」（注：如同注音「ㄨ」）；發出「U」音時，就像在舌頭上挖一個凹陷那樣，我們會使一點力把舌頭往後拉。因此，「U」這個發音就連帶產生了停止的印象，或者向內的感受。

再者，擔當起頭第一個音的「U」還有一個特徵：從口腔變成發音形狀，到實際發出聲音為止，中間需要一點時間。因此，以「U」音做為開頭的詞彙，都帶有「長時間保持、向內熟成」的印象。換句話說，開頭的「U」音，含有思考時間的意思。

所以，「開心」和「遺憾」（U-RA-ME-SHI-I）所表達的心情，都相當符合「一直以來掛念」所延伸出來的詞意。妻子要習慣喊丈夫為「我家那位」（U-CHI-NO-HI-TO）以前，通常需要一段時間，也是因為受到「U」聲的時間影響力所造成。

第二個音「RE」，舌面往兩側拉寬，微微顫動；大腦裡的印象有如寶塚歌舞劇團的表演評論，華麗地誇耀其看點。

接下來的「SHI」，發音時可以感受到光線和風；舌尖上滑出的氣息，摩擦過前齒的內側，最後以放射線狀朝外散播出去。最後的「I」，發音時加點強力把舌頭推向前，因此是一個讓人感受到意志向前行的母音；當作尾音使用會為字詞添加「提出」、「蜂擁而出」的感覺。

如此一來，「開心」的發音體感就會營造出這樣的印象：「我心中一直掛念的事，得意洋洋地表現出來。」聽到「開心」的一方，也會無意識地想起同樣的發音體感，進而與那個語感頻率相應。這麼看來，**「與你在一起的時光真開心」這句話，實際上是極致的愛語。**

高興是總結的字詞

那麼，接著來看看「高興」這個詞。

開頭的「TA」是把氣聚集在舌頭上，接著立刻把氣息彈出所發出的音。即將發聲之前，舌頭因為聚集了氣而鼓脹，具足了充實感；充滿（TA-PU-RI）、許多（TA-N-MA-

RI）、吃飽喝足（TA-RA-HU-KU）、滴流（TA-RA-RI）……不過是發音時舌頭的感受，卻帶給人填滿後膨脹的意象。

發「TA」音的瞬間，彷彿要刮下舌頭上所有的唾液似的，再把口腔裡的氣彈出去。這麼一來，唾液就會亂飛；如此醞釀出熱鬧或活潑的生命力。

因此，「TA」開頭的字詞皆含有兩種印象：即將發音前，膨脹的舌頭所感受到的充實感、飽滿感、確定性、忍耐到最後一刻的頑強；以及發音後立刻感受到的，由飛散唾液滋養而生的熱鬧及生命力。

由此可見，「高興」開頭的「TA」音，表現出充實且有活力的時間感。捲起舌頭來發音，會予人一種「包裹起來」的印象；如「珍惜地收藏起來」的感覺，進而連結至回憶或鄉愁等情懷。

所以說，遇到有趣的事情，剛說完「高興」的下一瞬間，眼前的現實也變成了回憶，如飛沫消散而去。

又或者，人類為了把現在進行中的樂事留在記憶裡，於是硬把「高興」這個詞說出來也不一定。

我母親與孫子共度的時光裡，連說了好幾遍「高興」。從我的角度來看，母親每說一遍「高興」，聽起來就像照相機按下快門的聲音，曾經令我動容不已。用那音韻剪裁的片段將成為永久記憶，在不能見到孫子的日子裡，可以反覆拿出來回味。

另外，母親在相隔很長時間再次見到孫子的瞬間，嘴上會說「真開心」，應該是流露出一直好想好想見面的那種思念吧。

身為女兒，真的好喜歡母親使用「開心」和「高興」兩個詞的方式，真希望能夠永遠聽到。

此刻這個瞬間令人感到充實的心情，若希望留在記憶裡的，就是「高興」。

至今一直懷有的心情，若有機會滿溢、抒發出來的，就是「開心」。

「開心」與「高興」如果用語感來解析，就會出現這麼大的差異。辭典所記載的定義有多麼不足，你現在應該能有所體會了吧。

不過，就算辭典沒有分別解釋這兩個詞，我們在使用上仍然懂得如何區隔。

「太高興了！」

約會到了最後一刻，大人的女性若這麼說，十之八九是在暗示「好，我們回家吧」；用「高興」來打招呼表示：「與你度過充實的時光，創造一段美好回憶了呢。」當然這並非代表女方討厭約會的對象，只是比起難捨難分，回家的電車時刻及家裡的人更令人在意。

不過，這也不代表女方對約會的對象毫不關心。有些情況是由於捨不得分開的心思太過強烈，只好用「高興」一詞所帶出的動勢（象徵收藏起來的TA音），設法讓自己下定決心結束約會。

「太高興了，下次，再見囉[3]」——實在難分難捨的戀人，如果不重複T開頭的破裂音，就真的回不了家了……戀愛的人會幾度思索怎麼說再見，最後應該是用「見到你真開心」，附上甜蜜的輕嘆後，為夜晚畫上句點吧。末了，用一句「與你共度的時間真是高興啊，謝謝」互道再見，期待下次再會；**男女的相處時光，無疑是由「開心」與「高興」交錯編織而成**。

開心與高興。

辭典上記載的定義並無多少差異的兩個詞，人們卻能鮮明地區分使用。儘管看不見，其中肯定存在一個固定的法則。若在街角，聽到有人突然說出其中一個詞，我就會彷彿回到情緒研究的原點，整個人不禁跟著緊張起來。

「相同」的「兩極」

說到緣分，那是不可思議的存在。與我在滿天星星的夜晚一起散步的人是專門研究空間的數學家；從人類各種知性的行為當中，挖掘出相符的理論模型，剖析物質（實體）與思想（認知）的空間關聯性。

我的思考觀點是以時間關聯性的對話文脈為主，處理不符合語義空間（至少目前看來如此）的情緒。

換句話說，我們把認知作用的兩個軸——空間和時間，分開來各自進行探討。我們兩個人雖然天差地別，卻曾經認為彼此就像同一件物質所切割出來的兩半。在不久

3　原文的發音是「TOTEMO TANOSHIKATTA MATA ATTENE」，重音全部是破裂音，具「包裹、收藏」的意象，故有催促人收拾東西離開的語感。

的未來，空間與時間交織的感性很可能會創造出全新概念的世界，但現階段的我尚未有勇氣與他進行感性的談話。對於語義空間剪裁粗糙的男性腦來說，要應付女性腦情緒不間斷的談話內容，其實是很辛苦的差事。更何況，這原本就是感性與理性對比明顯的一段關係，想用直覺互相理解是非常困難的。有次，他的粗心使我感覺受傷而躲進自己的殼裡，他因此感到不知所措；假如他不是一名美男子的話，我應該早就把他丟到天邊去了。

儘管如此，把「高興」與「開心」的對比特徵當作原點，以醞釀情緒空間討論的我，問起「高興嗎？」之後，聽到空間研究者的他回應「高興，而且開心」，覺得那個答案組合真是不可思議啊！

就這樣，在布滿星光的夜晚，散步的同伴輕聲道出的一句微不足道的話，讓聽見的我收藏在心裡，成了永遠的撫慰；如他的情意一樣深，如我的情意一樣深。

話說回來，他為什麼特意追加了「開心」呢？是長久以來喜歡我的關係嗎？若去追問，答覆肯定很簡略，大概是「因為是你經常使用的字眼，只是試著模仿一下而已」。

2.2 幸福的提問

日本自古以來描述顏色的詞彙，皆穩靜又美麗：淺蔥色[4]、鴇色[5]、鶸色[6]、茜色[7]；數百種名稱當中，有一個顏色叫「瓶覗」。你猜這是什麼顏色呢？

當我問某個人時，得到的回答是「淡淡的灰色，對嗎？」

雖然他的回答不正確，我卻多少能夠理解幾分，於是接著問：「怎麼說？」他解釋：「窺視——這種程度來看，令人猜想是由光交織而成的色彩。於是選了影子的顏色。」我聽完這個解答後，深深地感到幸福。

4 形容近似淡淡青蔥的顏色，實為藍染時的淡藍色。
5 形容如大鴇鳥羽毛的淡紅色。
6 鶸是金翅雀屬某些鳥的別稱，此名形容類似牠羽毛的黃綠色。
7 取名自用於染色的茜草根，形容暗紅色。

我喜歡對自己愛的人問問題。首先，喜歡看他推理答案時的模樣，那一剎那，他的視線會漂浮在空中。再來是思索中的他宛如一位少年，眼神會變得調皮，接著你將見證到，他從模糊意象中迅速勾勒出一個知識輪廓的瞬間，最後說出他的答案。那些答案有時令我驚訝，有時令我感慨，一個個溫暖又純潔的思想灌滿我全身。那一刻也是我再次確認的瞬間：原來是這樣才會愛上這個人啊。

「瓶覗」的正確解答是淡藍的色調；印象中比水色多了些混濁，英文名稱可能是「turquoise blue」（綠松石的顏色）吧。據說這是染色用的藍瓶[8]經過清洗、晒乾後，透過光線所看到的瓶身內壁的顏色，故取名為「瓶覗」。

換句話說，先前的提問令我感到幸福的地方是推理出「由光交織而成的色彩」的他，展現出迷人的知性魅力。「窺視」（のぞき／NO-ZO-KI）單是三個音節的詞，就能讓我接觸到芳醇的知性美。那個答案裡，他追求知識的手法隨著描繪出輪廓而消失；自此，我打從心底敬愛他。話語，是多麼令人幸福的工具啊。

「喜歡」與「愛」的差異

所以我才喜歡你——由於說了這句話，讓我突然注意到一點：我們彼此雖然常常用「喜歡」這個詞，卻不曾用過「我愛你」這三個字。

明明喜歡得不得了，為什麼不說呢？那天晚上，我問了九歲的兒子一個問題。「你在睡覺前都會對我說『媽媽我好喜歡你，愛你呦』，對吧？喜歡和愛哪裡不一樣呢？」

佯裝若無其事提起的問題，後來竟變成那天的第二道幸福問答題。

「喜歡是傾心得不得了的感情。愛就是以後媽媽不管發生什麼事，我都會永遠喜歡的約定。」這就是兒子當時的回答。「不管發生什麼事的意思就是，比如有天你變成了奶奶，滿臉皺紋，還是會繼續喜歡你。所以，媽媽你要活到一百三十歲喔。」

喜歡和愛在九歲的頭腦裡，已經有如此明確的區別；不過，我不認為那是學校教

8 藍染的工具，儲存和發酵染液（藍汁）的陶製瓶甕，容量約一百三十～三百六十公升，普通以四瓶爲一組埋入土中，以保持藍汁的適溫。

的。

「喜歡」這個詞是用來表示一種狀態。描述當下、現在、眼前正在發生的狀態，並不包括時間序列的前後狀態；也許剛剛為止還不喜歡，也許明天會不喜歡，都是可能的。

「愛」這個詞是用來表示一種行為，其動詞原型「愛する」[9]（AI-SU-RU），屬於日文サ（SA）行的變格活用動詞[10]，因此含著變化動詞特有的主動意志。此外，一如辭典上所定義的「愛」——「喜歡，且一直與之親近」（三省堂《新明解國語辭典》），當中包含了時間軸的寬度。換言之，**一旦宣言「我愛你」，就是許下了明天也會繼續喜歡你的約定**。

以健康成長的男子來看，在九歲的年齡就能明白「愛」這個詞的重量。甚至還會說，對方就算活到滿臉皺紋的一百三十歲還是會喜歡，表現出大無畏精神的決心。身為母親的我當然很感動，不過，就算明天被兒子嘲笑說是臭老太婆，我也不會覺得太驚訝，畢竟自己是過來人。我對兒子說出這個想法後，他如此回應道：「例如，十七歲的我對媽媽說——你去死一死算了，是這樣假設，對吧？但是你可不能真的去死呀，因為人生難免有一次會說出違背真心的話。」

「喜歡」與「愛」對大腦產生的效果

讓我們從語感的角度來看看「喜歡」和「愛」。

「喜歡」（スキ／SU-KI）由兩個音節組合而成：宛如吹拂過口腔的涼爽微風的「SU」，以及從喉嚨發出、筆直飛向對方的破裂音「KI」，兩個都是聽起來具有速度感又純粹乾淨的音。所以，「喜歡」這個詞可以說是把對某人純潔、坦率的情意，直白地體現出來的音節組合。

這個表達之中不含任何遲疑，也不帶任何企圖；連自我憐憫、自我陶醉或保全自己的意思都沒有。有的僅是一份坦誠的心思，一種不求回報、純真的好感。

9 する意思是執行某動作，可視爲中文動詞「做」。

10 簡稱爲「サ變動詞」，主要是由漢語名詞做爲詞幹和「する」(做)構成，如這段內文裡提及的「愛する」。

相較於毫不猶豫的「喜歡」，「愛」是需要時間的。

第一音節「A」，由於口腔整個需要拉高，比起形成「SU」的口型，花的時間更多。而且，從口型形成之後到實際發出聲音為止，還有一段時間差。因此，人的意識裡也會產生一個時間跨度。

張開嘴拉高口腔，甚至露出喉嚨深處所發出的「A」音[11]，以及帶有朝對方勇往直前的動力的「I」音[12]，兩個母音所組合的「AI」（愛），於是創造出「把自己的全部都獻給你」的意識感受，而且那個意識是具有時間跨度的。應該是出於這個原由，「愛」才會被形容是「永遠的約定」吧。

無法坦白說出「喜歡」的情意

曾經，我向最愛的人問道：「你喜歡我嗎？」對方只會「嗯～」含糊不清地應一聲，什麼也答不出來。不知為何，他無法坦率地說出純粹天真的「喜歡」兩字。他的遲疑不定，使我感受到空氣中瀰漫的感性氣息，不禁心裡湧上一陣暖意。

現在的他面對同樣的問題，已經能夠輕鬆地對答如流了。「你喜歡我嗎？」「嗯～喜歡喔。」

某天，他那種類似把球打回去的快答模式完全變得掃興，我於是纏著問：「不能說得更有誠意一點嗎？」結果被他反擊回來，「為什麼不能立刻回答呢？——你以前曾死纏爛打這麼說對吧。」這次輪到我無言以對，低沉地「嗯～」一聲。

順道一提，當我問兒子：「你喜歡媽媽嗎？」他一定會說：「嗯～喜歡。愛你呦。」用喜歡和愛的雙倍組合回答；你問的是他現在的感受，他卻連未來的感情一併承諾給你。

雖然我們會覺得這才是終極的正確答案，但假如是從我最愛的人口中說出來，感覺仍然有點微妙。你的愛有那麼草率嗎？——感覺會是沒完沒了的問答題。以總結來

11 發聲如同注音的「ㄚ」音。
12 發聲如同注音的「ㄧ」音。

說，男女之間溝通的語彙看似不足，其實是恰到好處。

不要問戀人的兩個問題

話說回來，有兩個問題我絕對不會拿出來問最愛的人：「昨天你做了什麼？」「明天要做什麼呢？」

理由是，不管得到的回答是什麼，只會令人徒傷心罷了。要獨自度過我所不能擁有的他的時間，本身是一件傷感的事。在見面的時間全心全意為感情加溫，並像許願般想著：無時無刻當一個心情愉快的女人會是多麼棒的事啊。可惜的是，許願這種事，總是很難實現的。

2.3

剎那的奇蹟

「人們所謂的剎那是〇．七秒。」

一邊將蘇格蘭威士忌注入玻璃酒杯，一邊如此呢喃的，沒有例外，正是那位專攻認識論的科學家。那是一個非常適合在酒吧暗處提起的話題，若被旁邊的人聽到了，可能會以為是漂亮的搭訕臺詞吧。不過那個他，當然不是為了搭訕才那麼說。

「真是妙極了。不是一秒，也不是一瞬。剎那，原來是那麼短。」

「沒錯，實在太妙了。我就知道你一定會這麼說。」

一旦落筆寫成文章，就變得是像一來一往聰明的會話，然而當時在回話之前，我可是驚訝不已，張口結舌說不出話來的。我想，那空白大概比剎那長一點。

我老早就擅自決定把剎那當作是〇．六秒左右。剎那肯定是以「認知所需的時間」的最小單位來解釋，因為工廠生產線就是按此概念設計，把作業員辨識輸送帶上的零件所需的時間設定為〇．六秒；這個數字是實際操作情況所得出的平均值。

令我感到訝異的是，自己所預想的時間長，幾乎與他所說的一模一樣。

確立認知之前的微小時間

人類藉由一邊認知眼前的事物，一邊活下去。初夏傍晚，宛如白絹緞帶浮現的物體，在「剎那」間擄獲了我的心，稍後，認出那是山茱萸。將模糊的形狀、香味及氛圍，進行辨識以至於想起名稱的極短空隙，即是剎那。

不過，認知的空隙是有個跨度的。黑暗中辨識出山茱萸，很可能只需要〇．七秒，可是，不管是茶碗還是戀人因睡癖轉過去的後腦勺，要辨別日常生活中看到的事物，需要的時間僅是一瞬。關於物理上「剎那」的解釋眾說紛紜，其中最短的測量是七十五分之一秒。

順便一提，「剎那」是佛教用語，源自梵文的「ksana」。根據三省堂《大辭林》記載，意指「時間的最小單位，一個意識生起的時間」。這麼看來，我擅自解讀成「認知所需的時間」，並非那麼不精確的解釋。

我個人非常喜歡確立認知之前的微小時間。那種時候，人類的意識會在一瞬間漂浮於空中，顯現出毫無防備的表情。出於這種偏好，為了想看最愛的人在剎那出現的表情，我會忍不住提出一些在認知上需要費時的問題。（雖然不知為何，寫出來後總會變得像知識性提問。以我的情況來說——提出類似「你喜歡我的聲音嗎？」這種不過是單純的唐突發問，比較能夠使他像鴿子吞了豆子砲一樣，露出驚慌失措的表情。）

說起來，他對待我似乎也是如此。開頭提及的「剎那是〇．七秒」，聽到那句話之後，我足足維持了三秒鐘的沉默，而他則在一旁非常開心地瞧著我。

我們的對話以沉默為基調，如你能聯想的，彼此是為了誘出對方的剎那表情而開口，接著再針對提出的個人見解互相聊一會兒。我們尊重和安撫彼此毫無防備的剎那，絕不會做出傷害的動作，也不會加以妨礙或漠視；我們的關係就靠這份唯一的信任感連繫著。儘管沒有任何承諾或把「愛」這個字說出口，不可思議的是，這份信任感是絕對且永恆不變的。

一如之前多次提起的，人類的大腦在進行認知的剎那會變得毫無防備。完成認知的瞬間，不管面對的是威脅生命的敵人，還是贈與生命的恩惠，人腦可能必須馬上採取行動，因此生理方面會進入中立的狀態。從這層意義來看，個人辨識外在環境的行為，就好像駕駛手排車一樣，藉由換檔切換剎那所產生的頓挫空白狀態，與意識中的各種運作資訊串連。

假如想要掌控一個人的心，瞄準中立狀態的時機點趁虛而入就能見效；一個人可以說唱俱佳以延長大腦的認知時間，接著趁機進入那個剎那擾亂對方的思緒。可惜的是，許多卑鄙的團體就是利用這種手段招攬「信徒」，向他們販售惡劣商品等。

從另一個角度而言，**不給對方中立的時間，其實是一種愚蠢的策略**。母親不等孩子得到穩定的認知就急忙追問；女人們不信任戀人的認知能力，總是一再說重複的話。這些女性所鍾愛的人，最後肯定會因為喘不過氣而逃開；無法充分容許剎那時間的人際關係，對他人終究比什麼事都來得更煎熬。

正因為「剎那」如此微妙又容易受損，被徒勞地延長就會令人變得不安。黑暗中看到蠕動的東西，假如過了〇．七秒仍然不能辨識出是什麼東西，一個人就會感到不安，不久之後，恐怖感開始來襲。例如驚悚大師希區考克（Alfred Hitchcock）的電影，藉由音樂和攝影機的運鏡，將「認知尚未完整，還有後續」的狀態不斷給予延伸和暗示，致使觀眾陷入深度恐怖之中。

引起不安的話語

事實上，有些詞彙也能製造同樣不安的效果，比如「惡魔」、「魑魅魍魎」等就是。這些詞在字面上已經給人不愉快的印象，其聲音又使「剎那」延長，結果造成聽到的人都染上不安的情緒。

「A」的發音體感是使身體的動作在一瞬間靜止。比方說，被什麼事物嚇一跳時，我們會自然地叫出一聲「啊」。這時身體的動作會在一瞬間暫停，原因就在於隨著驚呼時口腔張開、拉高，背部肌肉也迅速拉伸的關係。受到驚嚇時，動物會隨著背部肌肉的拉伸而靜止，不管是要奮起直追還是要逃走，這麼做能帶動全身敏捷地轉移到下個動作。

換句話說，當人受到驚嚇時，為了準備轉移姿勢執行下個動作，我們的本能會先喊出「啊」的一聲。我們的大腦清楚知道，「啊」的發音體感具有暫停身體動作的效果；而且也明白肌肉不能收縮，反而要處於一種舒展狀態的停止，如此才是執行下個動作的最佳條件。

同樣地，「KU」的發音體感會使身體的動作在瞬間停止；向內用力而發出的母音「U」，會把喉破裂音的「K」在一瞬間止住。「KU」發聲的停止，身體就像彎折的「く」字般，達到強烈僵硬的停止。

「M」音是把在鼻腔鳴響的聲音，轉至口腔產生迴響而發出的音；頭頂會感受到含糊不清、長長的振動。因此，從口腔預備好發音的口型後，直到發音的最高點為止，有很長的間隔時間是「M」音的特徵；尤其是在寬敞的空間裡，想說「MA」和「MO」所需要的發聲時間更長。

伸展中停止的「A」、強力停止的「KU」、間隔時間長的「MA」[13]，如此拉長時間，最後把氣息發散出去的，只有語尾一點點的母音而已。發音的停滯感造成發散氣息的力道遠遠不足，導致聽的人會覺得說話的人胸腔裡「是不是還隱藏著什麼」，以至於挑起不安的感受，這就是「惡魔」（AKUMA）的語感，進而產生一種「不知真面目」的印象。

「魑魅魍魎」（CHI-MI-MO-U-RYOU）的發音則是：活潑生命力般的「CHI」後面，緊接著停滯時間長的「MI」和「MO」，最後替換成沉重拖延的「RYOU」做為結束。這個詞帶來的感受就像是具有生命力的某種東西，長期在身體內扭動，而那種不愉快的現象就直接在口腔內發生。與「惡魔」一詞相同，「魑魅魍魎」四個字也把剎那的時間拉長，煽動起「可能還有什麼」、「不知真面目」等不安的情緒。

無論是使用哪個詞——「惡魔」或「魑魅魍魎」，假如拿碼錶測量實際的時間，都不是需要長時間發聲的詞彙。然而，語感帶來的停滯感卻會趁勢溜進認知的剎那，打亂我們的心思。

認知的剎那，於我們內在發生的變化比想像中來得更重大，故含有深奧的意義；特別是詞彙的語感，可說是認知方面的主宰。

13　A-KU-MA 是日語「惡魔」的發音。

享受剎那

話說，有位音樂家曾提到將認知的剎那無限永遠地延長是一門藝術；身為弦樂器的獨奏者，他明確表達道：「能將剎那延長至永遠的，就是古典樂曲。再仔細想，我認為所有的藝術都能產生這種作用。」

的確如他所說的，氣勢磅礴的交響樂從最初指揮棒揮動的瞬間，到最後一個音符消失為止，似語非語所能形容的影像，一次又一次起伏顯現；至於弦樂器的無伴奏曲，可如蝴蝶的翩翩翅膀般高揚，如潤水般流淌，如森林般沉靜。這種聆聽體驗儼然是帶領聽眾進行一趟非常原始的認知旅程。

最後，無論是什麼感言都要在演奏結束後才會浮現。古典音樂可說是真正把人們界定為○．七秒或七十五分之一秒的剎那，延伸至數十分鐘的奇蹟。特別喜歡享受剎那的我還有我最愛的人，都非常喜愛剎那的奇蹟——古典音樂。

2.4 安穩的預感

戶外的茗荷（蘘荷）長出來了，把它加入味噌湯裡享用，是我自己小小的夏天序幕。那微小的生活雜事，讓人在今年感到非常開心，因為我所愛的人十分喜歡吃茗荷味噌湯。

茗荷、谷中生薑、青紫蘇、野蒜、蜂斗菜花，即使不刻意去管理這些在鄉下居家空地裡的野菜，它們也會自然生長，是賜予我們大地力量的食物；聞到各個野菜的香氣之前，會有一股泥土味先撲鼻而來。

掌控生命力的男人

最近，懂得享受戶外野菜香氣的男人，竟然出乎意外的稀少。食物的生命，以生命的原型食用之——唯有具備這種鑑賞能力的男人，才會懂得野菜的美味。女人習以為常的食用方式，對男人而言卻頗為困難，這是為什麼呢？

我愛的他，飄飄然地享用了野菜所含的能量，談論著香味和體驗著咀嚼的口感，悠然沉浸在喜悅當中。我想起時隔多年的一個詞——「教養」，同時思及眼前安靜的美男子，他內在存有的野趣；一個不會被青泥土味打敗的男人，性感得幾乎讓人心疼。

那個存在於他內心世界的野趣，慢慢地餵養和馴服著我；制止了我內在激動的生命，使我整個人安靜坐下來。我一邊吃著茗荷味噌湯，一邊想到了今年春天某個未完成的心願。

這二十年來，與我自己本身有關的心願唯獨一個：去世的時候，希望是春光爛漫的黃昏，並在恍惚打瞌睡後就此長眠。吹散花瓣的春風突然靜止的那一瞬間，心臟對於下一個跳動遲疑了半響，最終不得不放棄的那種安穩的死亡。這是每年在櫻花轉為山茱萸的春季風景中，我一次又一次懇切祈求的唯一心願。

對死亡懷有憧憬的心情，想必是無法掌握生命無常的緣故吧。

安於自己中年的模樣

倒是今年，享受茗荷的男人，如讚賞土地的芬芳般，接受了我內在有餘的生命。然後如同享受茗荷的口感，咔嚓地把我的某部分一起咀嚼和品嘗。我察覺到內在某個亂翻亂滾的東西，慢慢地落到了腳邊。就這樣一直到了年過四十，我的思想終於在身體裡安定了下來；只要稍微留意，肉體方面同樣有了充分的餘裕，自己變成了比較安逸的中年人。

現在，我對鏡子照映出來的姿容感到鬆了一口氣，畢竟怎麼看都像是一名出色的中年女性（不是指華麗喔）。一對深色的眼睛彷彿隱藏了一個發誓終生不說出口的祕密，以及使眼神溫柔的笑意魚尾紋，而飽滿的嘴唇則是二十歲以來唯一沒變的部分。年輕時感覺明顯過度突出的嘴唇，現在我在心情上完全可以接受。以至於今年的春天，每次照鏡子都會覺得心平氣和，結果連一次祈求黃昏之死的心願也沒做，就這麼度過了一整個季節。

取而代之的是，我做了一個夢。

四月的某個傍晚時分，出現了沒有顏色也沒有形狀的夢境；那是個溫暖的羊水環境，附近有幸福的羊水存在著……若以言詞來形容，就是那樣的靈感。醒來之後，我很確信地知道，我重視的某人懷孕了。會是誰呢？——我猜想了一下，隨後又覺得時候到了謎底自然會揭曉，於是先把這份篤定的預感放在心裡。

我並不是個靈感特別強的人，但只有那個羊水的影像沒有出錯。果然，心裡懷著篤定預感的第二週，我得知一個同年齡的好朋友懷上了孩子。

現在的她，就像慢慢滾動著口中的糖果，「確認」著懷孕的初期狀態。有如放入口中的糖果，一開始像妨礙似地給人一種合不來的感覺；胎兒也一樣，對母親的自我來說是個異物，總覺得那個部分不是自己。然而，這麼說絕對不是邪惡，反而是一種強光般的意志。起初因為那道光線而迷惘，不久就感覺到光的耀眼照射，而慢慢地充滿幸福的感受；懷孕就是那樣活生生的存在。最初的迷惘像糖果表面撒滿砂糖，有種不相容的感覺，而這位朋友全都平穩地接受；她享受著把糖果從右頰轉到左頰，嘴裡塞得滿滿甜味的感覺。十年前，過著艱難生活的我成了孕婦，那是飽受孕吐折磨的時期；儘管如此，我認為在二十八歲後的成熟大人時期懷上孩子是很棒的一件事。

正在那麼想的時候，身旁的朋友再次轉動了她口中的糖果。

「透過外面的檢查資訊知道自己懷孕之前，女人從身體裡就已經感知到了呢。身體內部會傳達出一些訊息，然後身體會得到確認，這些都是前所未有的第一次體驗。」

我看見晚春的陽光停留在她的腳邊。然後，我突然想到：自己的嘴裡再也不會含著這顆糖果了。不知為何，有一種確信的幸福。我的內在有個季節確實已經結束了。

「人生豐足時間」的開始

吾與近江人，共惜春歸去。（松尾芭蕉）

初次與這段俳句相遇時，我有一種格格不入的感覺，當時不能理解，為即將逝去的春天心生惋惜的感性。即將逝去的春天，其實象徵充滿夏天前兆的季節：當葉櫻[14]出現，夏季盛開的玫瑰就會裝飾整片空地；聽到了祭典音樂，就會開始在意今年流行的

14　夏天穿的和服。

浴衣[15]花樣，也會想到要和誰去逛夜市。那是個令人不停快速地想到下一步、再下一步的季節。對於當時的我來說，逝去的春天並沒有任何惋惜之處。

懷孕的事也一樣，總是令人快速地構思著下一步；一想到胎兒的未來，就能足足想像二十年那麼長。不管想像到多遠的未來都是可行的，所以為春天將逝而遺憾的那種感性，始終沒有插足的餘地。

不過，那個即將逝去的春天，倒是讓今年的我看見了。人生豐足的時間果然開始了。

話說，該俳句有個趣聞。芭蕉與弟子去來的問答中，提出了這樣一道問題：「為何是近江呢？為何丹波不行呢？」去來斷言道：這首俳句只有用「春歸去和近江」的組合才能成立，他以琵琶湖上朦朧的春霞風景為核心，做為自己發言的佐證，令師匠芭蕉非常感動。不過，看到了「即將逝去的春天」的我，則有另一番感慨。

丹波是個生命力過剩的詞。

舌尖儲滿氣、力道十足地彈出「TA」音，接下來的「N」則在喉嚨深處緊縮，然後聚集更多的動能後，用嘴唇破裂音發出「BA」音，將能量朝四面八方擴散出去。猶如一個咒語，祝福未來即將誕生的生命，「TANBA」（丹波的發音）象徵生命能量的充盈滿溢。

因此，丹波的語感無法道出嘆惜春天將逝的心境，而更適合用來形容迎接夏天的興奮心情。相反地，近江的發音「O-U-MI」，彷彿具有安穩停滯的語感，呈現出包圍四周的溫柔。

近江……象徵生命能量安穩的停滯，正因有這樣的語感，不可置否地，我也能看見「春歸去」了。

儘管如此，春歸去是芭蕉在人生的哪個階段所凝視的風景呢？

15 花落後，長出嫩葉的櫻花樹。

2.5 少年們的夏天

呼～地吐出一口氣就會凝結成水珠，一個溼度高的梅雨季節夜晚，所有的東西彷彿都溼漉漉的，一動也不動。兒子對著準備出門的我，用宣布重大祕密似的口氣說道：「在這種日子出門，怪人二十面相[16]會出現喔！」

出門辦事的我，莫名地在熟悉的路上走錯了一條街，然後不小心在死胡同裡迷了路。死巷的牆上彷彿有一件黑色風衣飄揚，我不禁盯著看仔細，只見那裡綻放著迷幻般的花朵；甜甜的香氣瀰漫，原來是梔子花。

平時毫不起眼的情景，卻有如電影的一幕場景烙印在腦海裡。怪人二十面相——兒子的話變成了一個魔咒，讓我經歷了一趟數十秒的懸疑之旅。

如你所知，《怪人二十面相》是作家江戶川亂步撰寫的少年小說。十歲的兒子央求我朗讀書本的機會已經愈來愈少，唯有這一本他會忠實地拿過來放到我的膝上；可能是因為印刷採用復古字體，讀起來困難的關係吧。他一邊舒服地枕在媽媽的腿上，一邊等待著小林少年突破怪人的陷阱瞬間到來。

兒時起，男女的大腦就不相同

亂步筆下的東京，仍然充滿黑暗浪漫主義；貧富的差異懸殊，男女各掌握不同的言詞語彙，大人和小孩也抱持不同的思考邏輯，黑夜與白天是兩個不同的世界。在這個對比強烈的空間，二十面相就是來去自如的一名怪人，而與之對抗的小林少年，同樣是這個極端世界裡自由行動的天才少年。

雖然我認為這樣的故事主軸，對於二十一世紀的少年來說可能無法理解，但是，兒子卻十分喜歡亂步所描寫荒唐無稽的內容；臉頰紅潤地興奮追問著接下來的故事。

我則是一邊感受到少年的腦袋枕在腿上的重量，一邊沉浸在暫時擁有少年的喜悅

16 日本作家江戶川亂步所著的推理小說主角，是一名擅長化妝易容、膽大聰明的怪盜。

裡。兒子總是能觀察到一些連少女時期的我都難以想像的事物，而這件事令我覺得有趣極了。

傍晚時分，兒子在住商混合大樓之間，調查怪人二十面相的蹤跡：與夥伴們聚集，在大樓狹窄的間隔裡建蓋藏身住所，黃昏時在巷弄四處奔走冒險。看著拿出板凳在偏僻街道上乘涼的老人，兒子暗自興奮地猜想他會不會就是怪人二十面相。

不久太陽下山後，兒子和同伴會一邊談論關於宇宙的事，一邊走回家；並擔心著將來有一天，要是他們一群人到外太空旅行，不知道母親會不會同行。

看著蜜色臉頰的少年們，因想像力而感到頭腦快要爆炸的模樣，我不禁感慨萬千，因他們能將好奇心投射到自我以外的事物上。即將邁入青春期的少年們所擁有的天真，確實是無以倫比的透澈啊！

相反地，少女們所關心的一切都是集中在自己身上。當少年們夢想遨遊宇宙的時候，少女們則是幻想著前來迎接自己的白馬王子；少年們在規劃地球的未來時，少女們卻對自己的將來感到畏懼。

少年與少女是驚人地不同，這個差距是頭腦天生的不同所造成。男性的腦梁（右腦和左腦連結的部分）相較於女性的，有比較細的傾向；腦梁較細，表示右腦與左腦的連結比較差。這樣的頭腦不會把右眼接收到的資訊，與左眼接收到的資訊混合在一起，因此左右的差別顯著，以至於形成視野上的深度，進而確實地產生遠近的距離感。從嬰兒時期開始，比起近處的事物，少年更關注遠處的，而且自己的心情（右腦的演算）很難與顯意識（左腦的演算）串連，這就是男性腦的特徵。

因此，**男孩子們基本的認知傾向是辨識其他人，對遠方的事物懷有更多好奇心，**如果條件允許的話，可以馬上穿越傍晚的雲空而飛向外太宇宙。

少年長大成人的時候

儘管少年的好奇心可以無限擴大，有一天，終會遇到怎麼也沒辦法跨越的「極限」；而那一天就是長大成人的時間點。

有一部傑出作品把男孩子長大的過程描寫得特別好，那是湯本香樹的小說《夏之庭——The Friends》，敘述小學六年級的男孩們共度一個夏天的故事。

整個故事的開端，從其中一名夥伴——山下君的奶奶去世講起。死亡到底是怎麼一回事呢？對這個問題興趣濃厚且開始探究的三名少年，後來下定決心，唯有實際見證一個活人變成屍體的瞬間，才能解開這道題。於是他們開始著手進行，觀察附近一位活得像行屍走肉的獨居老人。然而，那位理當逐漸邁向死亡的老人卻……之後發生的故事應該由你實際去讀，才能感受到其中的樂趣。

在不妨礙閱讀趣味的情況下，我能在此分享的結論就是，少年們在那年夏天結束時，真的見到了一具屍體，並理解到死亡的意義；死亡絕對是與永遠不會消失的真實同在。無需對死亡感到恐懼，因為他們總有一天也會死亡，他們的親人也一樣。夏天開始時，他們的確還是個孩子，結束時則變成了覓得內在真相的青年，把這個夏天留在身後。

讀完這本小說使我明白了，原來少年們所看到的世界，與當年少女的我所看到的世界是不一樣的。

少女的好奇心是朝向自我的一種向心力，因此即使產生負面作用時，仍會朝著自己繼續運轉，換句話說就是產生自我厭惡的傾向。因此厭食或暴食大多是發生在少女身上的狀況。

相反地，少年的好奇心是向外延伸的；簡而言之，就是對死亡或宇宙盡頭等現實世界的現況充滿了專注的好奇心。這麼一來，當這個機制運轉不利時，少年就會厭惡社會。

這代表少女的情緒源頭會演變成主觀的，而少年的情緒源頭則演變成客觀的。我是把情緒當作工程學在做學問的研究者，所以必須熟悉這些差異。同時，身為一名母親，絕不能輕視這個事實，因為少女成為大人的途徑，與少年成為大人的途徑，可說是兩種迥異的運作方式。

普通少年一定會碰到人生特定的際遇：親愛的人死亡、無法實現的理想、不能跨越的國界，或者宇宙的哲理。那時，向外發展的好奇心會就此改變方向，開始往自我內在深入滲透，一步步帶領他成為卓越的大人，視角從客觀轉成主觀。以主觀為起點，開始覺知到客觀的少女，則以完全相反的方式長大成人。

當少年能夠回答「你怎麼想呢？」這樣的問題，才真正開始轉成大人。當少女能夠吞下「我是這麼想的」表達話語，才真正開始成為大人。

叫喚名字的魔法

話說回來，我眼前的少年又會碰到什麼樣的際遇呢？

整理這份原稿時，我突然變得不安。我所愛的人的主觀是否真的確實可信呢？他從來不曾因為我的緣故而流露出負面的情感。即使問他「你怎麼想呢？」也只用溫和的微笑回應，始終安靜地、看似開心地陪伴在我身旁而已。在他心裡，或許我根本不存在；而他自己本身也許甚至是虛空的。

過多的不安使我一邊哭著，一邊追問，而他則用格外溫柔的嗓音喚我的名字，接著說：「看，現在正是與你共度的第一個梅雨季喔。」

叫喚名字是多麼美麗的答覆啊。那一瞬間，我清楚知道他的內心確實有「我」的存在；**名字是個魔法咒語，可以感覺到他的自我，也能認同我的自我**。那一天同樣是溼度很高的夜晚，在一切都溼透、動也不動的黑暗之中，我們倆同在一起。我怎麼需要去懷疑他不是一個成熟的男人呢？

2.6

身段柔軟的自我

我的內在有一個少女。

就在幾天前，我突然意識到這件事實；豐盈的秀髮剪成一頭短髮，體型纖瘦的女孩，她是被我留在八歲那年夏天的「八歲的自己」。我一眼就認了出來，因為她穿著那年夏天我很喜歡的連身裙。

八歲的自己提出的問題

注意到八歲的自己是在炙熱太陽底下的十字路口。正等待綠燈的我，被這個發現嚇得呆立不動。為什麼這個孩子會以如此鮮明具體的形象出現在我的意識裡呢？難道我是瘋了嗎？

我用三天的時間持續觀察這個女孩。其實什麼事也沒有，她就僅是在那裡而已；沒有驚慌失措，沒有鬧彆扭，只是文靜地在那裡。所謂的「那裡」指的是頭腦，即後腦勺一個連結所有辨識圖像的角落，意思當然是指這些全是在我腦中發生的事。

到了第四天，我試著輕輕地向她伸出手，她害羞地發出小小的笑聲。昨天是第五天，我給了她一個擁抱。與我預想中應該感到開心的情形相反，她落下了一滴滴眼淚——原本這麼以為，卻發現哭的竟然是我自己。分不清是開心還是悲傷，只體會到當時的哭泣使我的心情變得舒坦。

從此，那女孩一直在我身邊。不安的時候，我們會雙手緊握；偶爾讓她坐在我的膝上，給她抱抱，這一切使我變得非常喜歡自己。這種幻影同伴是文學和電影裡經常使用的手法，而我在那幾天親身體驗到了。

另外還發生了一件不可思議的事：我所愛的人會疼愛這個孩子。比如，我伸手去拿身後的某件東西時，他會摸摸這個女孩的頭。實際上，他對我不會做出這種親密的動作，可是我清楚地知道，他在安撫我內在的那個少女。說起來，從以前開始就感覺到他把我當作一隻貓來疼愛，真是不可思議的男人啊！

他常常這麼說：「我隨時都能見到你呦，對你的一舉一動了然於心。」他這麼一說之後，即使相隔數百公里，我也可以在某些瞬間感受到他的關懷；現在比較正確的說法是，他關心我，以及內在那個少女的我。說出這些話的他，並不是一位唯心主義者，而是一名理論數學家。

我們是否很奇怪呢？還是說，成熟大人的戀人們在出現月蝕的仲夏夜晚，都會看見這些幻象呢？

現在問題來了。我在前篇誇下豪語：少女變成大人的始點是當情緒源頭從主觀轉移到客觀的時候。原本的用意是闡述更多關於少女成長的內容，並採用大人女性的觀點來探討從外在尋找自我的話題。但是，我本身卻再次意外地遇到了自我的核心問題……八歲的自己。

八歲大腦正在經歷的變化

小學三年級的暑假，我熱衷於觀察空罐子裡愉快地滑跤旋轉的澤蟹。那一天，我在竹林內的小溪裡，一邊抓澤蟹，一邊玩耍。突然之間，隨著竹子的搖晃吹過一陣風，我抬頭望見竹葉起伏所產生的綠波。當視線再次回到手中的空罐子時，不知為何對於罐子裡轉動、滑稽的小螃蟹，完全失去了好奇心，從此不再踏入小溪玩耍。還記得，那天我穿的是一件水藍色棉質的連身裙。

八歲的年齡是所謂語言腦的完成時期。那天夏日，我的大腦來到了關鍵時期，如同金蟬脫殼，捨掉某些東西而踏上全新思想的旅程。只要仔細搜索人生的記憶，不論是誰都曾經歷那樣的瞬間。

不過，為什麼現在又回到那個地方呢？為了將三十幾年來的思考之旅巡視一遍嗎？或者是，那個八歲的女孩一直在我身邊，只是沒有被注意到而已？

而答案似乎是我接下來需要繼續探索的事，不過至少我把自己內在的女性特質培養得十分良好。我本身愛著那個少女的我，而且還加上了「我們」這個稱呼；這個合盟當然是外在力量不能瓦解的關係。這麼說來，我的戀人愛我是主觀的歡喜，疼愛少女的我是客觀的喜悅。我只是單純地繼續生活，而他只是在身邊陪伴，光是這樣就足以使各方面充滿安穩的思緒（就算沒有人讚賞你付出的努力及達到的成功，就算那個他不懂得送禮物或說出愛語都沒關係），這不就是展現女性特質最棒的形式嗎？

追求認同的咒語束縛

自己要懂得愛自己，這是我人生後半場的主題。即使在少了他人認可的情況下，想要有個穩當的證據來證明自己值得活在這裡，那麼除了愛自己以外別無他法。不過，**女人要能夠愛自己，就必須同時擁有所愛的人極大的接納與讚賞。這種自相矛盾是腦梁較粗的女性腦特徵。**

意思是，我們女性的大腦缺乏對遠近的距離感，不經意地就把持續觀察身邊的人事物當作使命，進而難以踏出自我圈圈以外的環境，並且不擅長用客觀的角度看待自己。因此，在語言腦完成的時期，羞怯地踏出自我範圍的少女們，花很長的時間才能獲得自我肯定。身為一個女人——被稱讚是「好孩子」就會鬆一口氣，被讚美是「好女人」就會安心；總以「被父母親誇獎的女兒」書寫自己的輪廓，以「被戀人所愛的女人」描繪自己的輪廓。女人生了孩子以後，有一段時間會以母親的使命感來支撐自己；出於這個理由，當孩子的幼兒時期一結束，女人就會深深陷入一種絕望的情緒。有的女性腦會抗拒孩子離開父母而獨立，有的女性腦則會因無法參與社會而掙扎痛苦。

自己愛自己才是最強的

想獲得他人絕對的認可，這個欲望其實是頭腦的食糧，為確保人類能夠在群體中以個體的身分繼續生存下去。如同食欲一樣，是迫切又實際的欲望。假如，「想獲得他人絕對的認可」裡的「他人」是自己的話，那麼這種肯定永遠是絕對的。把永遠絕對的認可用神祇來替代，不就變成我們所知道的宗教了嗎？

身段柔軟的自我——腦海裡不經意地浮現這些字，那是用敬愛的輪廓描繪出身段柔軟的自我。**用敬愛及珍愛自己的方式去愛珍貴的人就對了。**

八歲那年夏天，放走澤蟹的我後來在激烈的考試競爭中勝出，接著以一名企業戰士搏生存，為養育孩子奉獻身心，好不容易地走到了今天，所有的驅動力全是來自想成為一名傑出的大人，受到他人的敬愛。不過，我現在深深領悟到，事實上那是為了愛自己本身所展開的一趟長遠的虛擬冒險吧。三十三年的歷險記，現在終於抵達出口，並與入口處的八歲自己再次相逢、擁抱。接下來的路程，說不定才是真正的人生；前方，又會有什麼等待著我呢？

2.7 愛的各種名字

卡那卡那——日本夜蟬的鳴叫聲，悠悠地飄蕩在空氣中。夏末的過午時分，可以看到白花花、滿溢出來的陽光下陰暗部分。彷彿受到了陰影的觸動，夏蟬以非常悲傷的聲音開始鳴叫。

稍微留意就會發現，傍晚時的風漸漸變成了涼颼颼的冷空氣，連月亮的影像也格外清澈。我的心底鬆了一口氣，天氣一轉涼，兒子脖子上的汗疹就會消失了；唯獨還是對夏暑的溼熱感到束手無策，而我所愛的人應該可以歇一會兒了吧。

因為愛，所以生氣

女人是一種細心在意所愛的人而活著的生物，因為在意，所以會生氣。像是對著酷暑感到厭煩而咂嘴這種沒辦法控制的事，只能對自己苦笑，迎接夏季最後一天的日落。

這麼說來，不需要在意的事情也頻頻在意，不需要生氣的事情也照樣生氣，感覺以前的女人們就是這麼過日子的。那種生活方式促使她們大至守護整個家族，小至面對周遭的危險，都要一一關切。二十一世紀，即使許多女人已被稱為職業婦女而四處奔波，生活的一部分仍不知不覺活得像祖母那個世代的女人，其實感覺蠻妙的。婦女和孩子生活在一起，勢必落入那種會在意又會生氣的模式吧。

女人的生活總是一刻不得閒——不用給的指示會事先給，之後又責備幾句；偶爾也會有所抱怨。其他以外的空檔，就用沒有盡頭的八卦訊息填補。

偶爾當個沒用的一家之主

假如你娶的是前述那樣的老婆，你要感到歡喜，因為她擁有卓越超群又優秀的女性腦。不過，與那樣的女人長期相處需要一點訣竅：始終扮演一個生活能力低的一家之主，除此之外別無他法。她需要親手打理一家之主的私人空間才會感到安心；擅自把男主人脫下來的衣服拿去清洗；神經大條地把放置好的書重新整理，最後還洋洋自得以勝利的表情說：「你總是這麼邋遢。」遇到車站的走道擁擠，她會聰明地斜行穿越人潮的隊伍，可是遇到其他人做同樣的事就無法寬恕，而且對同行的人會任意地生氣。所以說，一家之主假裝漫不經心的模樣，讓老婆當前導領著你走，是最需要被記住的重點，絕對不要動腦筋去思考如何創造更有效率的生活方式。雖然這麼說有點像開玩笑，但是，女人如果沒有馬不停蹄的生活，就沒辦法教養孩子，就連老人也無法安心慵懶地過日子。

另一方面，假如生活由優秀的男性腦來設計，就會隨時都是靜謐的。

行筆至此，我突然感到困惑：知性的成年男性所創造出來有格調的生活方式，自古以來是用哪個日語形容呢？

居住良好——雖然有如此美麗的日語足以形容，卻感覺是偏向空間關聯的描述：創造出居住良好的環境，以及生活方式的正確性；換言之，關於時間關聯的要素，在描述上只是輕輕帶過。你認為呢？

我想表達的正是這個重點。

成熟的男性腦不存在「無益」兩字

我所愛的人在旅行目的地會把當天穿過的內衣簡單地清洗和晾乾，隔天再繼續穿。他擁有的藏書，除非必要，否則不會隨便擴充，而使用過的物品會歸回原位。他懂得俐落地把魚肉吃得很乾淨[17]，寡言穩重，以寬闊的心胸傾聽他人的話。總之，也許是他在所能控制的空間使然，以脊椎骨為圓心半徑兩公尺的扇形情緒空間內，他能非常有效率地運轉自如。物歸原位、保持整齊的動作之快，看起來絕對不像潔癖；比其他人看起來更文雅大方，氣質沉著、安靜。

如此一來，居住環境當然良好，整個人的氛圍也顯得優雅；無論是站還是坐，都是個讓人看得著迷又有點驚豔的男人。

17　日本文化中有一種說法：「能把烤魚吃得漂亮，魚刺排列整齊，餐盤不凌亂的人，一定是從小家教很好。」普遍拿吃魚的方式來評價一個人的品格。

這種靜謐的生活風格是成熟男性腦的特徵。由於空間認知能力特別強，所以能精準劃分東西應該擺放的位置。不只是物品，連動作的順序步驟也能有效率地編排，看得出沒有一點徒勞無益的事；沒有徒勞無益，就不會有騷躁不安。

相較之下，他身旁的我雖然擁有優秀的女性腦，卻是碰到門打不開就嘆氣，上一秒鐘覺得戴隱形眼鏡困難重重，下一秒鐘又為找不到指甲油的瓶子而苦惱。起初，他曾為了讓我走進他的私人空間而躊躇不已，那是個棘手又冗長的過程；對他的生活風格來說，我無疑是一個不安的因素。不過，這正是我對他無比信賴的緣故。簡言之，邀請「優秀的」女性腦踏入半徑兩公尺以內的情緒空間，是他不習慣做的事。安靜卻粗線條，具備男子氣慨又性感，如果成熟女性要談戀愛，這類型的男人最令人開心，一來不需要因為他的博愛而擔心情敵，再者本來會對女人耍小聰明的男人，一旦遇到女人走進他的私人天地時，態度總會突然變差。

那樣的他最近漸漸習慣我的女性腦運作，會為我開門及顧及我的隨身物品。從這個角度來想，**女士優先的禮儀習慣，可以說是男性腦為了控制女性腦所做出的約定。**這是成熟男性為了避免後續的「小」爭吵而發揮的智慧啊！

日本人大腦的特別之處

稍微留意之下，發現夜蟬的數量逐漸增多。黃昏的雜木林內，似乎不斷有夜蟬降落。

儘管如此，日本的夏末風景裡，還有什麼比蟬鳴更適合的聲響呢？烈陽照射逐漸緩和的同時，這聲響彷彿撫慰著人們夏日的疲倦，溫柔地輕拍著——卡那卡那。

話說回來，可以把蟲鳴聲轉換成文字來欣賞，看來是日本人頭腦的獨特才能呢。

《日本人的腦——大腦功能與東西文化》（大修館書店出版，一九七八年）這本書由東京醫科齒科大學名譽教授角田忠信先生所著，據他所述，以日語為母語的人們會用左腦（語言機能區域所占的一側）來聽複雜的蟲叫聲。由於是用語言來聽，把蟲鳴轉換成「卡那卡那」、「鈴鈴」、「唧七唧七」、「窸窣」等擬聲文字是輕而易舉的事。

以歐美語言及亞洲各國語言為母語的人們，面對蟲叫聲則是像聽樂器聲或機械聲般用右腦來聽。如同日本人無法把小提琴的樂音用文字描寫出來，歐美人也無法用文字把夜蟬的鳴叫描寫成「卡那卡那」，頂多辨識出那裡有聲音存在而已。由此可知，像蟬鳴這種單調、毫無音樂性的蟲叫聲，絕大多數民族的大腦都會把它當作雜音一樣處理。

如蟬鳴般療癒的教養

另一方面，把夜蟬的叫聲聽成「卡那卡那」的日本人，用這疊音詞的語感來比喻夜蟬的形影。

「KA」是個喉嚨的破裂音，喉嚨深處穩定地接觸後，用力使強烈氣流突破而出所形成的聲音。由於是喉嚨的破裂音，驟然從口腔破阻而出的氣流，並不會挾帶唾液的水分。因此「KA」的發音體感呈現一種乾硬、強有力的印象。

乾硬、強有力的「KA」，與舌頭輕輕觸碰上顎後發出的「NA」音，組合成可以安慰心痛的「KANA」，彷彿可以撫慰痛苦和促進療癒的現象。總的來說，雜木林內無數的「KANA KANA」聲響，既可以撫慰夏天劇烈又乾枯的疲勞，也能帶來療癒的沐浴。

事實上，我聽起來夜蟬的鳴叫聲比較像「KI NI KI NI」，似敲打金屬物的聲響。希望你有機會也能從這個角度去聽看看，應該不難發現聲音中夾著相當刺耳的金屬聲響。

然而，我們硬是把夜蟬的叫聲當作「KANA KANA」來聽，並把它變成夏季尾聲的療癒；我想，這就是日本人的大腦自然生成的溫情與教養吧。

只要能夠發出詞語的聲音，語感所涵蓋的情感就會毫無遺漏地跟著流露出來。**稱呼的名字一旦改變，給人的印象也會變得不同。**你希望所愛的人用什麼名字叫喚自己，也許值得好好慎重考慮。

2.8 撒嬌的魔咒

地鐵內，有個陌生人用手碰了我的脖子。

那天是個不可思議的日子：搭乘計程車時，司機走錯了路，拜訪地點的門鈴不響（沒有損壞，只是按了卻不會響），沒想到連手機信號也不佳，洗衣機的定時按鈕不能調整，在餐廳還出現上錯菜的情形。

很明顯地，那天的自己與周遭環境合不來，宛如我的意識與世界之間隔了一層油膜。這樣的日子很少降臨，起初雖然令人感到困惑，到了當天的後半段，卻莫名地覺得有趣；每當有不順的事情發生時，心情竟然是愉快的。我突然想到：假如我變成了老人，這樣的日子應該會愈來愈多吧。如果年老是這麼一回事，想起來還蠻愉快的。

將世界導正的人

最後，那不可思議的一天終於到了尾聲。空蕩蕩的地鐵內，有個高大的男人緊貼著我的側身站著。

他用一種不像在看生物的眼光看著我的脖子（簡直像在商店揀選領帶所用的那種冷靜目光），令我全身感到不安，心裡正暗自決定要在中途的車站下車。幾乎同時，對著正準備下車的我，那男人伸出手碰了一下我的脖子；對他而言，好像除了脖子以外什麼都看不見似的。從那隻手觸碰的方式，我感覺得出來，那個人單純因為脖子要離開了，直接用反射動作伸手去攔住它，僅此而已，沒有絲毫粗暴的舉動。那個男人因過於注意我的脖子而錯過了下車的時機，地鐵車廂關上門、再次移動後，他為了追看留在月臺上的我，甚至在車廂內跑了幾步。

我走出不曾拜訪的中途車站，步上了階梯，既熟悉又充滿異國氛圍的都會巷弄，下起了濛濛細雨。果然碰到這種事，就連我也會變得怯懦，於是打電話給我最愛的人。他的沉穩嗓音總是能夠把我領回到「正確的世界」。好比握住門把之前，先用手肘碰觸其他東西，把身上的靜電釋放掉那樣；他的嗓音就像是在任何火花觸爆以前，值得嘗試的演練。

最愛的那個人「唉呀唉呀」地嘆了口氣，接著說道：「你這個魔女，用錯魔力了啊。」

光是這麼一句話，就消除了壞的「魔法」；計程車沒有走錯路，肉鋪老闆按照拜託的方式拿出了絞肉，回到家後發現兒子竟然難得地把功課做完了。

即使那樣，魔力這個詞其實非常可愛呢；它稍微將你從辛苦的現實生活抽離，轉移你的意識。電話那頭他的聲音幫助我內心引擎的齒輪嚙合突然浮上來，接著喀嚓地一聲重新回到正確的位置。當我不在他身邊時，只好這樣救我一把了。我想，這種小祕訣是男性腦比較擅長的事。過去，我父親也曾懂得用一些神奇的話解決事態嚴重的狀況；只不過，對任何事都拚命到底的母親，有時會因那些不夠正經的話語而生氣。

從小我就感覺到這世上有魔法，而自己感應到的魔法，一直是繞著詞彙衍生。

世上到處都是謎

「這世上到處都是謎，所以很奇妙。」

還是女學生的我，曾對某位有緣交談的高僧這麼說道。那位高僧如此回應：

「真正奇妙的是，感受到這世間充滿謎題的你的大腦。」

那個當下，我並沒有能力理解那句話的含意。整件事給我留下的印象，只是覺得高僧迴避了重點而已。

長久以來被遺忘的話，相隔二十多年再次喚醒記憶的不是阿基米德（Archimedes），而是我家的浴室——兒子在浴室裡發現了表面張力。

「水真是不可思議啊。我洗手的時候，水會嘩啦嘩啦地流下，對吧？水從溼溼的手上也會嘩啦嘩啦地流下來，對吧？可是，把水放到浴缸裡，竟然會黏住耶！」

「咦？」

「你看，用手掌拍打熱水的表面會發出啪嗒啪嗒的聲音喔。然後啊，放在熱水表面的手如果試著提起來，熱水就會緊貼著黏上來呢。」

「啊～」

「我自己是這麼想的，水的表面是一個特別的空間呦。像是水和空氣之間的牆壁……那種感覺。」

「嗯～」

笨拙的單字反應，正是來自我這個做母親的；最後那一個「嗯」是感動的聲音。

十歲的兒子和任何在那個年紀的孩子一樣，具備一臺永不停歇的解謎引擎；而活力充沛的大腦，魄力非常驚人。雖然發現了表面張力，就夢想接著製造自主學習型機器人，聽起來是遙不可及的事（若能打造一個可以發現物理法則的機器人，肯定會得諾貝爾獎，其想像力超越了今日我們所知的人工智慧方法論），但是只要餵養人類的孩子吃十年的飯，就會自然得到這樣的成長結果。

「你真厲害！這是大發現啊！水感覺起來黏黏的，這個現象稱為表面張力。液體有個性質就是想凝聚成一整塊，所以表面的地方會有一股力量把水向內拉，形成一種張力。這就是為什麼當你的手掌往上拉提時，會感覺到水好像黏黏的原因。你有沒有看過，杯子上方的水有稍微拱起、突出的地方？」

兒子想了一下，微笑回答：「有啊，有啊，就是媽媽最喜歡的啤酒嘛。」

和那杯啤酒是有點不一樣的——我原本打算這麼糾正兒子，但是如果講氣泡，會牽扯到物理學理論，並把談話變複雜，所以決定作罷。

人生後期大腦所感知的事

講到氣泡，果然不出所料，兒子不久前在浴室裡發現了浮力。放屁的氣泡從水中啵啵啵地浮上來，看見這個景象的兒子說：「媽媽，我是這麼想的——屁的空氣很輕，所以可以浮上來；但是也能想成是水在擠壓，對吧？這麼說來，水有推的力量不是嗎？就和東西有浮力是一樣的道理。」

我們的大腦是遇見許多謎題、再解開謎底的引擎。每個人的人生都充滿謎題，而且會邊解答邊活下去。假如大腦不再遇見謎題，表示那顆頭腦無疑是來到停止運轉的時刻了。反過來想像——當大腦停止運轉時，應該是類似所有謎題都獲得了解答一般，令人沉浸在喜樂裡吧。

「真正奇妙的是，感受到這世間充滿謎題的你的大腦。」

我一邊關上浴室的門，一邊咀嚼二十多年前收到的話語。見證到兒子解謎的經驗，我第一次明白了那位高僧說那句話的意義。

這就是最愛的人用咒語解開我身上的壞魔法之後，當天晚上發生的事情。

2.9 貉物語

夜空出現了一年當中最明亮的皎月，是被稱為中秋明月的一輪滿月。暮色中，深巷內的影子顯得層次分明；深的黑，淺的黑，陰暗之中現出了影子。

「那麼……」

我一邊看著月光下的自己，一邊不自覺地打了聲招呼。接下來，直到冰冷的薄荷冰沙顏色的月亮，高掛在十二月中旬的夜空以前，我用彷彿慢慢戒掉某件事的速度，展開了理性的四分之一年。

從小時候起，我就喜歡那種慢慢失去某種事物的感覺；比起嫩葉滿樹的時期，更喜歡枯枝蕭蕭的風景。和心儀的人相見時，比起一邊用很多對話加深彼此的感情，一邊踩著步伐走上坡，更喜歡把想說的話吞到心裡，兩個人安靜地一起走在平坦的下坡路上。

不否定與自己不同的大腦

我最愛的人是個不可思議的男人，從相逢的那一刻開始，我們所行走的就是緩和的下坡路。我在他的面前會把重要的話往心裡吞而變得非常內向深慮，在我們面前，無論是什麼話都覺得是多餘的。

他尊重我所有的觀點，即使是把白說成黑，也絕對不會否定我。彷彿他愛的是我那顆勇於主張黑色的心的驛動，「原來你看到的是黑色呀」如此接受我的想法。還有，他聽到我的見解都會覺得有趣，最後真摯地給予認同——「如果你是這麼想的話，那的確就是黑的了。」

同樣身為認識論者的我，對於「個人觀點」也抱持同樣的態度，相信所有事物都同時具有本質與「看法」兩面。以看法來說，完全是屬於觀察者所判定的事實為正確。所以說，不管兒童的看法聽起來有多麼幼稚，我也會給予尊重，不會否定他人的看法。說到底，看法有差異原本就是人腦的神祕之一；與自己的看法不一樣的大腦，對我來說反而是很珍貴的事。

然而，我們之間交流的話語，事實上少之又少。他聽我說話會用「我明白」來回應，而我對他說的話則是給予「是喔」來附和。兩人對話的中間存在著為了仔細思量而有的沉默；簡直就像下圍棋的對手、禪修問答，或是老人會品茶的朋友。有時候，那種互動無法令人滿足，於是我會故意給個錯誤的回答，沒想到他竟然還是無條件地包容，真是讓人火冒三丈。我偶爾孩子氣的一面會令他感到困擾而嘆氣，但其實我不是幼稚，是故意惹他的。

男性與女性看的重點不同

可以一起談論彼此的外表看起來如何如何的戀人們，想必應該很健談。事實上，即使同時觀看一樣的物體，男性腦與女性腦所看到的是截然不同的內容；若兩顆頭腦真要定奪是白還是黑，就算花一整個晚上也不會得到結論。不可否認，那樣的爭辯有其樂趣。偶爾，兩人抱持相同意見時，會感覺到彼此深深地理解和契合。意見相左時，如果讓對方屈服於你的言論，還會獲得征服感；相反地，如果被對方的意見撲倒，也許整夜腦子會有各種感官刺激的聯想；聽起來似乎頗有娛樂性。這是我出於羨慕而嘗試的模擬而已，其實我們並不會發展到那種程度，因為兩人的對話總是來回個兩次，就在空氣中消逝無蹤了。我們對於結論的去向都不在乎，最後總是以其中一人安靜的微笑告終。

我們的對話缺乏具體的結論會有個大缺點。**對女性腦而言，偏抽象的記憶在分開的日子裡，是不足以讓人依靠的**。昨晚在冷雨中行走時，不禁懷疑我最愛的人是否真的存在，而突然整個人變得不安。於是打了電話過去，並坦承道：「我想確認你是否真的實際存在著。」另一頭的他似乎有點開心，回答說：「那真是個好問題啊。這麼做有沒有得到確認呢？」「有，再見。」「好，明天見。」雙方都用這種方法論結束談話，所以連打電話都很簡短。

意義文脈與情緒文脈

我個人把對話定義成意義文脈與情緒文脈兩大類。若用這個角度來看，我和他的對話過於偏向情緒文脈是不爭的事實。這麼一說，倒是想起他經常聽漏了約定的時間和場所，明顯地沒辦法掌握意義文脈的訊息。

情感的來去簡直就像呼吸。沉醉於情意交流的對話，誠然是極端的知性，但反過來也可以是極端動物性的。原因在於，這種對話的對象即使不是人也能進行，就算是和動物也能溝通；甚至不是對著生物說話也行得通，比如藝術和音樂。只要用這種手法進行溝通，那麼連月亮、街道、樹木、微風，甚至是階梯，全部都能變成談天的對象。

對於研究機械與人類對話的我而言，這項事實無疑是擊中了探討的本質。怎麼說呢？對話，終究是存在和完成於大腦內的行為。換句話說，**生命豐盛的人會進行豐富多元的對話，縱使談話對象的生活背景並不豐富也絲毫沒有影響**。反之，生命層次貧乏的人會有空洞無物的對話，縱使談話對象流露出豐富涵養的氣質也不會改變什麼。

若是如此，不管機器人如何運作，人類與機器人的對話所產生的情緒空間，就得仰賴人類的才能與品德了。歸根結柢，以身為對話情感性質的研究者，以及為人母的女人來說，相較於如何灌輸機器人的情感值，也許我更需要探討的是，如何豐富小孩子的人性品格。

對話是與「自我」相遇的旅程

那麼，對話的情緒文脈是否可以說是為了確認自我型態的一種手法呢？我們透過與重視的人進行對話來感知自己存在的溫度；藉由不斷往頂端拾級而上、愈來愈細微的對話，我們得以俯視且看清楚自己存在的普世價值觀。

另一方面，對話的意義文脈則是為了讓他人知道自我的型態而出現的模式。那些關於我們的資訊，比方金錢、場所、時間，擁有的頭銜、名牌或權利等，你我通常都是循著意義文脈來談論。

換言之，人類藉由情緒文脈從內在探索自我，而藉由意義文脈向外在世界展現自我。你看，對話就是因此變成了與「自我」相遇的旅程！我只能咂嘴一聲，感嘆自己被打敗了。理由是，我過去一直以為對話基本上是為了與他人或他人的知識產生互動與連結的手段。實則不然，**對話是凸顯自我型態的手段，以及同時呼應「自我」與他人的方法**。結論是，我不得不從根本上改變自己檢視「對話」的思維方式。

即使失去最愛的人

有一天，當我失去最愛的人時，應該會繼續與他對話吧。反過來，假如我早一步去世，他必然也會用與現在同樣的方式，與我持續對話下去。若是如此，現在以活著的肉身彼此面對面的我們，到底蘊含什麼意義？我們究竟是為了什麼而出生、相逢，並牽起了彼此的手呢？

腦子裡只能想到一件事：即使我不幸早一步死去，我想好好成為他身邊存在的魅影，使他在餘生能夠繼續與我對話。

以能夠傳達美麗話語的魅影陪伴他，直到他用認真的表情好奇地向我問起：「你不是人類，對吧？難道是令人看見幻象的貉？」[18]

18　貉是日本民間傳說中最受喜愛的角色之一，可將自己變成其他動物甚至無生命的物體，誘使人們與牠們互動。在神道教中被認爲是神的使者，因其超自然能力而受到尊敬。

2.10

神聖的責任義務

「您的兒子有兩顆脾臟。」

患上感冒的兒子由於肝功能偏低，必須進行腹部超音波檢查。看完掃描結果的主治醫師對我們說明他的見解：正常的胰臟下方多了一個小脾臟。

「這會造成什麼問題嗎？」我急著追問。「不，完全不會。單純是畸形而已。」醫師毫不猶豫地應答。

我的心情竟然變得有一點點愉快，因為兒子是特別的！縱使這件事嚴格來想，對人類整體不會帶來任何益處，我仍然單純地認為這樣一個孩子是特別的，莫名覺得是非常有魅力的一個特徵。

兒子將來也許會對情人耳語道：「我有兩個脾臟喔。」女朋友可能會以為是開玩笑，敷衍地一笑帶過。但是兒子應該會用正經的表情，進一步壓低聲音強調「是真的哦」。

怪異是一種武器

得知這個最私人祕密的女朋友，肯定會一邊按撫他的背，一邊感覺這件事異常性感。情人的背部下方存有血流相通的兩個脾臟，接著察覺到這就是自己的男人之所以特別的證據。

研究人類情緒的我，對於人類狀態和行為方面的動搖感到很有趣；你我都一樣，容易對有困難的人產生愛意。

坦白說，要製造相同標準規格的產品，真的是最簡單的。如果好好管教，使兒子成長為擁有一定好感度的男人，並非不可能的事。十歲就穿上二十五・五公分運動鞋的他，到十八歲為止，身高應該會超過一百八十公分吧。英俊與否則端看個人意見而定，他那一雙黑眼眸在家長會的媽媽群裡，可是獲得了一致的讚美。最重要的是，兒子對待女人的方式總是體貼入微。（兒子兩歲半時，問他：「為什麼自己不用筷子吃飯呢？老師說你在托兒所都做得到呀，媽媽可是都知道的喔。」他悠悠地拉住我的手回答：「這麼漂亮的手就在我面前，所以一定會想讓你餵的嘛。」稀鬆平常地說出驚人之語。

畢竟從一歲開始，我就常對兒子說：「即使學習成績優秀，在社會上獲得尊敬，若得不到女性的青睞，以生物學來看，你身為雄性的存在價值就喪失了呦。」兒子的學習成績平平，閱讀量很大，機械方面是強項；雖然賽跑的速度不快，但是擅長游泳。

這樣「普通」的兒子身體裡有兩顆脾臟，對他而言可以成為一項有利的武器。當他想加深別人的印象時，可以大方說出來——「我有兩個脾臟喔」。

疾病也有其效果

今年秋天將盡時，拖了很久的感冒困擾著我，嗓音日漸虛弱，說話時總有蒙住的鼻音及不清晰的咽音，某部分的發音也不曉得溜到哪裡去了。

如此一來，發生了意外的效果：我最愛的那個人變得極其溫柔，會說「聲音真甜美，好可愛啊」，然後微笑。

他的名字含有兩個鼻音，當我喚他的聲音，聽起來應該近似撒嬌吧。而我的名字含有咽音的「HO」字，因此講自己的事時，若加上名字，聽起來就變得嘶啞又微弱。

可能是這個對比產生了作用，這個月雖然我的情況多少有點進步，他依然一味地給予足以令人融化的溫柔。

連續一個多月的咳嗽，本來就容易令人憔悴，那個他似乎有點開心地坦白道：「女人弱不勝衣的模樣，我還蠻喜歡的喔。」他可是把人類的感性套入理論世界的研究者呢。透過數學來思考人類行為的他，果不其然，也是會愛「脫離正軌」的個體。儘管我一直咳不停又流鼻水，他卻完全不會怯步，把我抱個滿懷。走在街上，他也不會看健康年輕小姐們的大腿（看起來似乎是這樣啦）。

所愛之人的破綻是一種魅力

所謂生病或異常是時空的破綻，亦是事情自然發展程序的出格現象；其他事物會因此突然來到身邊。例如，最愛的他聽我的聲音覺得楚楚動人，兒子脾臟畸形的事闖入我的心裡（自兒子出生到現在，從來不曾注意過他脾臟的事）等，這些直接切入大腦的感性經驗和資訊，比起皮膚接觸會帶給人更深的刺激。我們所愛的人的破綻，因此變成一種魅力。

假如你想要掌控別人的情緒，那麼針對意義文脈井井有條的邏輯，該準備什麼樣的破綻，就成了重要的課題。

在逼近完美的力與美當中，顯露一點點破綻；為隱藏那個破綻，卻從翻覆的手掌掉出自己的弱點，這是多麼強烈的感官刺激啊。接下來，情緒光環會產生，使一個人能夠包容另一個人的真實面貌，並且對眼睛所看到的給予安慰。

有個詞是「邋遢散漫」，人們通常以負面的意圖使用這個形容詞。不過，若用來表示破綻動搖情緒後出現的狀態，難道不是最貼切的嗎？一旦被喜愛的人的邋遢散漫所牽制，就動彈不得了。總言之，以情緒文脈來思考的話，破綻並非絕對是壞事。我們不要被皺紋、白髮、或斑點等「破綻」擊退，跨大步向前走吧！

化解的名字、連結的名字

話說回來，其實我有個天生的破綻。正確來說，比起破綻更像是個製造破綻及解開謎團的咒語，那正是我的名字——「伊保子」（發音為I-HO-KO）。

這個名字頗為不可思議，說的人會不知不覺地解開心裡的結。這是因為舌頭用力向前伸所發出的「I」音（同英文字母E的發音），還有將肺部的氣息全部吐出的「HO」音，會同時使呼喚我名字的人感覺到氣的不足，而需要吸一口氣的關係。

責罵我的大人在叫我名字的時候，會「呼～」地先喘一口氣，所以怒氣的強度無法再上升。又比如，糾結想著某件事的母親，等我回到家、喊出我名字後，原本的事情就在那個瞬間溫和地解開了。明明是緊急事情的電話，朋友喚我的名字後，他的心情卻會微微地放鬆下來。那種類似「芝麻開門」的事情，我從小就見證過無數遍。為了不擾亂那種「被鬆綁的心情」，我會盡量使用安穩踏實的詞彙來進行溝通；這是擁有「化解名字」的人，應該有的神聖責任與義務。

另一方面，我以為「伊保子」這個名字應該會被記載在人名辭典裡，事實則不然。請容許我在此這麼說：這名字是能讓人看見幻象的危險名字；或許是一個不能讓很多人隨便使用的名字吧。我的父母親究竟是獲得了什麼靈感，才會為我取這麼特別的名字呢？如前面提到的，拜這個名字所賜，我可以見證到一般人用眼睛看不到的事物——

如言語在人類身上產生的作用，並以此維生。好像整個人生是賜給這個名字、而不是我本人那樣。

若真是如此，那麼這世上無疑有另一群人，擁有與「化解」相反、象徵「連結」的名字。那些人又會見證到哪些事物而成長呢？最重要的是，那些人擁有什麼樣的名字呢？

2.11 家族的風景

今早，有一件令人頗為懷念的「背叛」。

那就是抹布。我的母親是左撇子，扭乾抹布的方向正好與我相反。因此，如果我嘗試把母親稍微扭過的抹布，再多扭乾一點，整塊布就會鬆散開來。原本手裡應該有抹布被絞緊的感覺，卻意外傳來鬆開的觸感，於是我「啊」地嚇了一跳。雖然有點誇張，但那一刻的心情就好像遭到背叛的感覺。

然而，對好久不曾回到故鄉的女兒來說，那其實是令人懷念的感覺；陪在母親身旁的時刻，我無比深切地想著。接著，我有個不應該的想像：將來有一天，母親去世了以後，如果被遺留下來的抹布「背叛了」該怎麼辦，我不禁膽怯了起來。以相反方向擰乾的抹布，顯現出比母親更有母親味道的存在感。我試圖緊抓住已然失去的東西，而鬆開的抹布在我手裡明顯是迷失了路徑吧。

也許這種感受不僅是來自抹布而已——醃漬米糠裡手指的痕跡、收拾報紙的方式、整理玄關的手法和其他等。真希望母親打理的故鄉老家所展現的風景，能聞風不動地就此凍結，珍藏成為永恆，畢竟那是我記憶裡最原始的家族風景呀。

「家」的原貌

最近終於見到了所謂「家」的真正樣貌——一個空間裡，充滿著生活的人的存在感，而那份存在感的整體就是「家」。住宅要變成一個家以前，需要經過很長的一段時間。

今天早上，接過母親拿的抹布後，不知為何想一一確認那些屬於「家」的風景，而且令我渴望成為「居住在家的女人」。中年婦女，包括我，總會思考一些不可思議的事情。

會想到這些，可能與自己開始飼養小貓咪有關；牠是一隻被稱為「蘇格蘭摺耳貓」的貓妹妹，屬於性格文靜、友善的貓種。帶回來的那天，貓咪自己快手快腳地找了一個舒服的地方，從此展開了悠哉悠哉的生活。探探這邊的陽光下，瞧瞧那邊的角落，全為了尋找一個可以舒服躺下的地方，安靜地打瞌睡或凝望搖晃的窗簾。

看到牠在喜歡的地方睡覺時，發現有件事很好玩；那一隅會使人深深體會，這裡原來是個很好的家啊。僅僅是一隻七百公克的小貓咪，卻教會了我如何去感受「家」的真諦。

女人會成為「家」，男人會琢磨「面子」

一個家會和負責打理的人很像。母親所布置的家總是整潔又溫馨，從學校回到家裡，從來沒看過家裡亂七八糟的狀況。此外，從來沒缺過居家消耗用品，隨處可見生活上的巧思與工夫，室內到處流動著令人心情舒坦的季節色彩。青春期時，母親那模範生般的舉止令我感到厭煩，腦子整天都想著要離家出走。現在則感謝母親以身示範，成為我學習的榜樣。

我打理的家與娘家不一樣。據兒子的同學（女孩）曾形容的，大致是：「黑川家給人一種浪漫的感覺。不過，明明沒有使用緞帶及荷葉摺邊，卻很浪漫呢，真是不可思議。也許是牆面全部擺滿了書架的關係吧。並非說哪個角落特別美麗啦～」完全像是針對我身為女人的身分在進行評價，實在蠻好笑的。

假如女人會變成一個「家」，那麼男人又會變成什麼呢？我一邊把抹布緊緊地擰乾，一邊思考這個疑問。

話說到此，最近關於背叛這件事，我有一個新發現。背叛他人的人會害怕被別人背叛；而說謊的人對於他人所說的真實，還有不忠貞的人對於他人的忠誠，經常抱持懷疑。最可怕的是，成為大人之後，那種恐懼會表現在臉上。

我最愛的人的臉上寫著「光明正大」。他對我的真實面貌及誠實，沒有一丁點的懷疑；反過來，他本身也從未喪失自己的真實與誠實，堪稱是自豪男人的「面子」——而我最喜歡的就是他的臉龐。原來漸漸透過生活的累積，女人會成為「家」，男人會琢磨「面子」啊。過了四十歲，人其實會變得簡單。

有一天，為了最愛的人，讓自己變成一個「家」，或許是一件不錯的事。住在家裡，誰也不會做出背叛，誰也不會說謊。如此一來，根本不用去懷疑誰，日子可以過得很單純。在那樣的家裡，如果有個面子十足的男人回來，對女人來說，應該沒有更幸福的生活了吧。什~麼嘛，女人的幸福竟然這麼傳統啊。

回來說說反方向擰乾抹布這件事，後來遺傳給了我兒子，他同樣是左撇子。與右手拿筷子的媽媽不同，他連玩具手槍的板機都不能用右手控制，真正天生的左撇子。

兒子的家庭聯絡簿上，總是會看到「把字寫整齊」這種評語；做母親的我有次還嘟囔了一下，覺得實在強人所難。左撇子的人被要求模仿右撇子老師寫的字體，若要說那個任務有多麼困難，我們可以藉由想像就能明白，情況就類似有人坐在你對面，教你如何進行複雜的摺紙美勞。另一種理解方式是：右撇子的人可以試著在頭腦裡，把手和物體（摺紙）完全翻轉到相反方向來做，就能體會有多麼困難。這個摺紙的想像練習，對左撇子和右撇子兩邊來說，只有物體是朝正方向的；無論哪一邊都必須在大腦裡重新建構手和物體之間的關聯性。所以說，左撇子小學生一邊觀察右撇子老師的手寫動作，一邊在他的頭腦內發生的事是非常複雜的。比如，把攤開的抹布重新擰乾這種小事（右撇子的孩子們當然很快就完成了），左撇子的孩子做起來自然會落後一點時間。以兒子的情況來看，現在這個階段，我想他尚未有餘力慢慢把字抄寫整齊。

左撇子很有個性的理由

儘管如此，透過左撇子的頭腦，觀察世界一切事物時，又會是什麼樣的感覺呢？如同他們擰乾的抹布所帶給我的那種背叛，他們也會遭到各種日常現象的背叛。在大眾順暢穿過的車站自動驗票閘門，若左撇子的人用左手拿的車票，想插入右側的驗票口，就會因受阻而慢下。另外，用左手轉動瓦斯爐的點火旋鈕時，也會碰到困難。

時間一久，各式各樣日常的「背叛」不斷累積之後，左撇子的他似乎逐漸架構起獨有的思考方法。將別人所做的事透過重新建構，打造成自己的做事程序；同樣地，把接收的資訊重新組織成自己的見解，看到的、聽到的，全部用自己習慣的語言重新編制。然而，要把世間的真實轉換成小學生能夠理解的語言，事實上是非常大的重擔。

「媽媽，你覺得家人是什麼？」

突然對職場媽媽提出的這個問題，後續是這樣的：

「我覺得每天一起吃飯的才是家人。我們不是家人呦。」

成為家人的意思

我們家位處手工職人昔日所居住的下町地區[19]，皇室家族御用的傘、皮包、鞋子，或皮帶、帽子、鈕扣等，負責那些物品的批發商店面，以及負責製造的家庭手工業者的住屋，都在附近櫛比鱗次佇立著。幾乎全是家族經營，而且工作場所與居住空間就安排在同一棟建築物內。因此，這個區域半數以上的小孩子，早晚（暑假時包括中午）都會和全家人圍著餐桌一起吃飯。

兒子的主張是，他看到那個畫面，感受到了家人的意義，而我深深地認同。雖然這對經常要到外地工作的母親來說是個高難度的要求，但總之我們先約定好，每天要一起吃早餐就對了。若需要搭乘早上六點的飛機時，就提早在四點半圍坐在餐桌前吃飯。

不過，最近兒子不再堅持這個想法了。他用彷彿自言自語的語氣說道：「因為小貓咪來了以後，我們家就變得和普通的家一樣了呀。」儘管真的很不可思議，但剛出生兩個月的小貓咪，簡直就像在這裡住過上百年似的，非常自然地成為這個家的風景之一。就這樣，把我們的住家變成了一個真正的家，讓空間填滿了家人的存在感，同時毫不做作地營造出餐桌邊的風景。這是劃時代的突破啊！一切都要歸功於那曾像一隻野貓的女主人，殷切盼望變成一個「家」的關係。

遺憾的是，去年同一時期曾與我們一起生活的貓咪機器人，並沒有帶來這樣的效果。也許我們應該意識到，透過工程學所創造的情緒是有其侷限的。

19 下町的文化與氛圍，和臺灣的老街類似，溫暖懷舊又含豐富的當地人文特色。

2.12

沉積的心思

耀眼的光線重返大地。過了立春，閃爍的陽光彷彿在安撫寒冷般，照進城市的街道；宛如長大成人的男子實現他的承諾，重複著細微、確實的關照。

這幾年，每當碰到陽光照耀大地的景象，就一定會想起我的父親。不知何故，四十歲代的父親，也就是人生最艱苦時期的他的笑臉，只有在如此燦爛的陽光照射中會浮現。成年男人會扛起家庭的責任，雖然做的每件事都簡單微小，卻穩定踏實地重複著。我早已忘記的那個笑容，像極了早春的陽光，千篇一律地重複出現。對於鍾愛冬天風景的我來說，那陽光有點煩人；然而，好似毛刷淡淡刷過的煩躁感，說不定有點像父女相處風景中起伏的情緒呢。

成熟男性微小的重複動作

令人感到幸福的是，我不需要懷疑男人們「微小的重複動作」，這要歸功於我的父親。不管母親採取的行動有多麼不合理，父親總堅決地說道：「這個家是讓你母親幸福的地方，所以就讓她做吧。」這番話實在講得太帥氣了，而且教導當時還是小孩的我認清一項事實，那就是優秀的成年男人對於決定娶為妻子的女人的「正確與否」，不會斤斤計較。一旦共結連理組成一個團隊，就不再一一批評，只顧重複再重複地盡到自己的責任與義務。

父親的話給了我某種輕鬆的感受。我仔細思考後，發現自己被我最愛的人所愛，其實並沒有明確的理由，但是他微小的重複動作，卻莫名令人有一種持續到永遠的感覺。

腦科學方面確實也有類似的發現，成年男人不會背叛相信自己的女人和小孩。因此，只要我繼續相信，那個他一定會繼續重複溫暖的給予；即使有時需要為其他事務忙碌，使重複的關愛多少變得斷斷續續也一樣。

向上心的陷阱

男女之間的問題其實意外地簡單。一旦情意互通發展為情侶的關係，女人若能一直信任對方，而且沒有過度的期望，大致上男女關係就不會破裂。難的是，女人所信任的不是已成為對象的那個男人，而是「自己」。對於那些在自己身上累積、重複的好意，都不需要再懷疑，類似這樣的反教養內容，對女人而言應該是必要的吧。

如果你生的是女兒，請務必教導她：**男人不是因為一個女人的美麗或賢慧而愛她（儘管有時會因為美而轉頭欣賞），而是因為對男人微小的重複動作寬心地給予信任，男人才會繼續愛這個女人**。

仔細想來，到母親那個世代為止，這國家的女人們應該都是知道這個道理的吧。母親不與誰爭鋒相對，每天用好心情來守護一個家。我們是實施男女雇用平等法的前一個世代，當時不幸被教導：女人要是不能在男性社會裡勝出就沒有意義。這樣的背景造成這個世代的女人們偏頗地認為：少了某種傑出的表現，就不會有繼續被愛的可能。

即使冠上職業婦女的頭銜，擁有高收入，穿著時尚，並且比實際年齡看起來年輕十歲，仍會在某一方面希望自己能夠更精進，比別人更突出。女人同時也會在乎至今收穫的成就，如果不加以重視和維持，一切就划不來了。

品格高潔的男人們，不會直接提出任何要求，而是一再重複微小的關愛動作，一再地累積相處時的種種好意。然而，那些女人是否真的有留意到男人們重複的關愛呢？

再一次，幸福的提問

「恰好就是現在這種時候的陽光呦。」

我一邊凝視著返回大地的早春陽光，一邊啜飲著咖啡，而最愛的人如此對我說道。

「你提過的幸福問題，少了關鍵的部分。」

「幸福的提問」是我曾在雜誌上發表的文章標題（也收錄在本書中）。

剛好是一年前，我對最愛的人問了這樣一個問題：「瓶覗，你覺得是什麼顏色呢？」瓶覗是屬於古老的顏色之一，是淺淺的靛藍色調（turquoise blue）。聽說指的是：使用頻繁的藍染顏料瓶的內壁，被光線照射時所呈現的顏色，以及把布輕輕刷過藍染料，所創造出的淡淡染色。

他稍微沉默了一下，然後回答道：「可能是淡灰色嗎？」他的答案雖然不正確，卻有一個非常吸引人的解釋。

「窺視——以這種程度來看，會令人猜想是由光交織而成的色彩。於是選了影子的顏色。」

我被他知性的闡述所觸動，並深深地感覺幸福。當時大致就是那樣一個問答。

光之中，因為有你的關係

「幸福的提問」在一年後變成了某所女子大學的入學考試題。

我們的私人對話使可憐的應考生苦惱的事實，讓他高興了好一會兒，然後他就說出了開頭的那番話——「少了關鍵的部分。恰好就是現在這種時候的陽光吻。」

這麼一說倒是令我憶起了當時。那天，早春嬉戲般的光線，斜斜地照耀在我們腳邊。我整個人被他的言語迷住，老早把一旁的風景忘得一乾二淨。然而，他卻主張如果不描寫出那時的光線，就談不上真正的完成。「那光線之中，因為有你的關係，才會有那個答案出現啊。」他彷彿對小學生的女兒曉以大義一般，這麼向我解釋。我直率地「嗯」了一聲回應，並呼出小小的嘆息；那是感覺太幸福，再也塞不進肺部的小小氣息。他的腦子裡有個累積已久的光景，而那光景裡有我；果然是成熟男人微小的重複關愛呀。

「那抹陽光，可是沉積在心底的風景呢。」

聽我這麼一說，他輕鬆地如此回應道。

「對我來說，沒有不會堆積沉落在心底的東西喔。」

我那時想：這個人的大腦真是美麗啊。這個人的大腦裡，風景會不斷降臨和累積；而我的大腦則滿是言語。他善用卓越的男性腦掌控空間認知能力，而我的女性腦則沿著時間的流動前進。**我從他使用的言語感受到風景，他則從風景當中看見我的存在。**

同樣的一件事卻在兩個頭腦裡留下如此迥然不同的形貌；而且，無論是在哪個頭腦裡，都存有安靜沉積的情思。我不禁想到這世間的男女之間享有的幸福。

2.13 綻放

花芽出現之前，櫻花樹的樹皮有染上赤紅色的瞬間。

嚴寒終於舒緩的時期，一枝枝光滑的樹枝會變成飄散著香氣似的紅色。假如是一整排的櫻花樹，那一帶看起來就像被紅色的霧靄包圍一樣。儘管沒有準確地進行過觀測，但我想每一棵樹僅有短短一、兩天會展現這種姿態。

當然，那不是在樹枝表面塗抹紅色顏料的視覺體驗，而是眩目強烈的光穿過樹枝時，所呈現在眼簾上的光的色彩。我覺得那景象比較像是強烈逆光的照射下，眺望年輕人的耳垂所呈現出的那種鮮紅色。接下來，吹進花芽裡的赤紅將聚集並展露在樹枝的外層，最後由溫暖的光釋放出來吧。

和別人提起這件事時，絕大多數都會回應「從來沒有見過那樣的景象」；而能夠附和「對呀對呀」的人是難得的少數。不過，聽說染色工藝家會擷取未結花苞之前的樹枝，熬煮後做染布色料使用；再說，櫻染是不能使用花瓣的。賦予花瓣豔麗的赤紅，盛開前早在樹枝的表面密集聚滿；雖然我個人並不會感到特別奇異，但這樣的解釋可能不夠科學吧。

赤紅一旦綻放，就成了櫻花。冒出花芽前的櫻花樹，唯有在強烈逆光中遇見，才能欣賞到的奇蹟景象。我曾在出差地點的尾道看見綻放赤紅的櫻花，於港邊獨自佇立的那棵樹，為我帶來實實在在的一場五感體驗，我從中領悟到櫻花真正的最高境界。花的盛放不過是最終結果，即使受到讚賞，櫻花們也只是安靜地睡著；就好比真正會做事的男人總是沉默是金。

成熟男人的偉大情書

這個春天收到一份提案，詢問我是否願意擔任某地方都市計畫的要角。在我的頭銜上加一筆企業顧問的經歷，絕對不是壞事。不過，向來不干涉我工作的最愛的人，卻非常反對我參與這個提案。

「你會把那個計畫搞砸的。一般人不會像我一樣，可以對你萬般理解和包容。我實在為對方感到可憐。」

雖然我憤慨地回了一句「你真失禮」，但是我自己也贊成他的意見，因為有充分的根據可循。那個職位想必不得不面對政治性鬥爭，而我並沒有足夠的機智能應付。儘管我擅長管理一整個計畫案，可是要看透個別事實及他人的企圖，對我而言本來就是大難題。一個指南針再怎麼精緻，如果壓碎了就沒辦法找到目標。如此看來，的確會帶給對方困擾，於是我最後婉拒了那個提案。

「如果我離開東京去外地工作，你就會靜靜地感到寂寞。這麼想讓我不禁莫名地落下淚來。所以我拒絕了那個提案，厲害吧？」

我寄出三行的電子郵件，隨後收到他三行字的回信。

「你的心情被這件事擺弄，為此我感到悲傷。不過，假如那真是你的抱負之一，在此致上深深歉意。」

寄出的「寂寞」兩字，被回以「悲傷」兩字，真是……我在電腦螢幕前坐正姿勢，因這三行字的回信，正是成熟男人偉大的情書啊。

「寂寞」與「悲傷」是兩個不同的觀點。「寂寞」是自己的心情勝出的形容詞，自己是該情緒的中心，希望安慰自己時所使用的詞。另一方面，「悲傷」是從看著對方的角度所說出的話。換言之，自己的孤獨是「寂寞的」，但所愛的人的孤獨是「悲傷的」。

寄出的電子郵件裡，我把未來他會因寂寞而悲傷的想像寫了出來，而他的回覆則包含了未來我會因苦惱而悲傷的想像。這難道不是頗為脫俗的贈答詩嗎？唉，那個他對於表達仍然很生澀，也許只是不能坦率說出寂寞所寫出來的內容而已。

「悲傷」表達的是超越「愛」的心意

以語感來說，悲傷的發音「KA NA SHI I」其實一點都不像悲傷的語詞：喉破裂音所產生的「KA」帶有強烈、堅硬的印象，與舌頭輕輕觸及上顎後發出的「NA」，以及將氣息輕輕吐出、滑過舌面而發出「SHI」組合起來；而且，「SHI」音在嘴角會吐出一些口沫，彷彿沐浴陽光般，給人一種光芒四散的感覺。

總的來說，「KA NA SHI」給人的印象就是：強烈刺激之後，落下來的是覆蓋全身的溫柔療癒，以及美麗的幻想。悲し、哀し、愛し等古語——自古以來，日本人就將這個讀音（KA NA SHI）賦予各種漢字，藉此音韻表達深情又徬徨的心情。

表達難捨難分的心思上，添加可以療癒痛苦的語感，這到底是誰想出來的呢？每當想起那份溫柔，就令我不得不愛惜人類本身的存在。

基於這個理由，我把前面提及的電子郵件，私自稱為偉大的情書。

回應「寂」（SA BI SHI）的三個音：「KA NA SHI」如同覆蓋全身的溫柔療癒；**成年男子的「悲傷」兩字，傳達給我的卻是超越「愛」的深情心意。**

收到這封電子回信時，我正在出差所在地的尾道，就在遇見櫻花綻放豔紅的片刻之前。因此，在紅花照耀之中，我想起了最愛的那個人，就像在強烈的逆光中，看見了他寄來的緋紅（心意）。他的心意在光滑的樹枝表面下流淌，卻尚未冒出花芽；包括他對我、對他自己人生的想法亦然。

我會慢慢地期待他綻放豔紅的日子到來。有時候，他在工作上會展現花開的樣貌，但是事業上的一、兩件項目並不能使他內在的赤紅滿開。我對他藏於樹枝下的赤紅給予愛和理解，有時就把全部的感官交給逆光中瀰漫香氣的豔紅，緩緩地漫步向前。

擁有善解人意的知己如我，一般會覺得「你真是幸福的櫻花呀」，可是他似乎完全不這麼認為。尾道的櫻花樹，即使沒有我，數十年來也一直綻放豔紅；同樣地，他只是讓自己的豔紅盛放了而已。兩者都不是特地為了誰才那麼做。嗯，也許這就是為什麼人們會著迷的緣故吧。

2.14

憂鬱的魔女

下雨天時，真想在最愛的人的臂彎裡睡一整天。純粹只是靜默著，讓男人的呼吸像小船般搖我入睡。敲打在窗戶上的雨聲，從簷槽落下且滲入鋪路石板的水滴聲，以及車輪行過道路、輾過水窪而水花四濺的聲響——在水聲建立的小宇宙之中，我們相依偎著，成為唯一生活在世界上的兩個人。

……倘若如此就再好不過了。每次遇到下雨天，我一定會這麼想像。儘管，終究只是想像。

與最愛的人共同居住的家

在遙遠的未來，我想要有一個狀似太空艙的家，讓下雨天的聲音可以環繞、包圍居住的地方。然後，與日常言行舉止安靜的人，互相依靠地生活在一起。放晴的日子裡，屋內明亮寬敞、簡約清靜；在風吹過的甬道上，放置一盆在陽光中沙沙作響、微微搖動的植物。下雨的日子裡，則變成一個充滿甜蜜憂愁的密閉空間，在簡約又多愁善感之中，彼此應該會交換散文詩般的對話吧。

且說，那個家會有什麼樣的視覺呈現，其實連我自己也無法想像。是日式傳統房屋，亞洲度假村形式的木屋風格，還是像現代藝術作品的公寓呢？不管怎樣，唯一明確的，就是以聲音為空間設計的核心。

那種「沒有具體樣式的居家想像」，似乎偶爾會讓談話的對方聽得一頭霧水。在空間認知方面，我首先偏向從聲音和味道出發，接著是觸感，然後是視覺感受。所以，向別人傳達這種感性認知時，我會感到非常吃力。

聊到居家話題時，假如我突然說「有個在雨天瀰漫著甜蜜與憂愁的太空艙，那樣的家很不錯呢」，對方聽了會覺得這個人是哪裡少根筋。「聽見敲打在屋頂上的雨聲，不覺得很棒嗎？」假如小心地說出這樣的話，對方會以詫異的表情做回應，似乎在說「岔題到哪兒去了」。要是提出「空間與聲音的關係」，又會被當成是不能講道理的女人；最糟糕的是，離談話終點遙不可及，教人頭暈。

像我這種不以視覺認知及「常識」為主的對話模式，有時的確會讓人感到混亂呢。

情緒文脈按鍵的魔法

洽談商務時，只要提出「我大腦所感知的」話題，就會發現與目前為止的議題不合，結果容易不小心打斷他人的話，因為我突然把談話從意義文脈切換到情緒文脈。這切換動作一旦發生，想再返回意義文脈原本的位置極其困難。更遑論，那天如果主要客戶一頭埋進情緒文脈（例如，對話滑到「你對風聲有什麼看法？」或者「你會注意到晴天的午後，紙拉門細微的嘎吱作響嗎？」等問題），那麼目前用意義文脈進行對話的人的「起承」就會飄到空氣中，「轉合」也隨之封印，結果變成心底的一樁恨事。

縱使意義文脈的起承轉合順利畫上句點之後，如果單獨與能夠理解我方的人，安靜地進行兩人的個別對話，那麼又會引起周遭不必要的疑猜。

無論多麼小心謹慎，在溝通上偏向正統意義文脈的與會者，普遍把情緒文脈視為不能理解又顯弱的手法。假如我在那些人面前搶走主要客戶，基於不明白我到底用了什麼方法，他們恐怕又會變得疑神疑鬼，最終試圖找個負面評價來搪塞、掩蓋過去。相較之下，我覺得更重要的是，釐清他們不能理解的到底是我提出的哪個部分。

年輕時，完全不明白溝通文脈為何那麼重要。我所創造出的情緒文脈是以一期一會的服務精神，提供「只有此時此地才可能產生的話題」，同時用好奇心去確認他人會有何種感受，兩者組合起來就是我的專長。一直以來都認為「別人與我之間存在的差異，並非那麼壞的事；也不曾以某人與我不同為理由，而刻意疏遠那個人，因此不需要膽怯」。

最愛的人把我的情緒文脈按鍵稱為「魔法」。我若一不留神忍不住好奇，使用了情緒文脈，他就會嚴肅地擔心道：「任意使用魔法是不行的呦。」當我被捲入誹謗中傷的漩渦，他就會評論說「因為使用了魔法，無可奈何呀」；簡直就像以前美國的人氣連續劇《我的老婆是魔女》裡的達令。「講真的，薩曼莎，假如現在是中世紀歐洲，你老早就被處以火刑了。」

託他的福，像達令一樣擔心我會在社會裡亂用魔法，我才終於能夠意識到，自己也許正在做錯誤的事。明明只是誠實表達出自己的觀點，卻不會獲得好結果；用同樣的觀點寫出這些文章，或者在演講場合說出來，則能收穫好評，並成為工作的一部分。兩者的關鍵性差異就在於對話與否的問題吧。最好的辦法就是除了與能夠理解我的情緒文脈的人進行單獨對話之外，都不要使用魔法；看來，要避免第三者的愚弄或威脅等麻煩，這是唯一可行的訣竅。果不其然，我完全就是《我的老婆是魔女》裡的薩曼莎呀！

但是，最近他過度批評我的魔法，所以我打算勇敢地在這裡重複一次上次對著電視裡的達令所發的牢騷。

「靠薩曼莎的魔法幫了很大的忙，還好意思那麼說。」

魔法是薩曼莎最大的資源，若不允許她使用，就好像把某人的雙手綁住，又命令他做出美味料理一樣為難吧？

偶爾，我會厭煩意義文脈而變得不想開口說話，連電話也不想接；這種時候，如果能單獨關進雨天的膠囊裡閉門不出，那該有多棒啊。

松尾芭蕉是語感天才

象瀉[20]古色美，雨下合歡花[21]一愁，睡姿似西施。（松尾芭蕉）

這是芭蕉在秋田縣象瀉寫下的俳句。「NEBU」是合歡（NUMU）樹的別名，在夏天會盛開淡粉色花朵，狀似化妝用的毛刷。芭蕉用此俳句描寫在雨中佇立的、夢幻般的花姿，並以中國傳說中的美女西施比喻合歡花風姿綽約的佳句。

若把最後的五個音讀作 NE MU NO HA NA，就會出現四個嬌甜的鼻音（NE、MU、NO、NA），藉此歌詠西施是一位嬌柔婉約的美女。此外，芭蕉大膽地把花名喚作「NE BU NO HA NA」，用粗糙的破裂音濁音「BU」製造一種混亂的語感。

西施是以魅惑君王為目的、被獻給敵國的絕世美女。如計策的結果，敵國（吳）遭到滅亡，但最後以國亂為由，西施無法再被故鄉的越國所接納。如毛筆簇絨狀的合

20　指秋田縣仁賀保市或該區域的瀉湖，爲風光明媚的名勝景點，在芭蕉探訪的那個時期，象瀉是一個灣。

21　原文：ねぶ(發音爲 NE BU)の花。

歡花，含雨後豐滿欲滴的樣子，令芭蕉思起端著憂愁容顏的西施，故以此俳句詠嘆道。

這名語感的天才將足以擾亂一國政治的美女西施的魄力，用文字的混亂——強烈的「NE BU」替代嬌弱的「NE MU」，使人與花的頻率相應表露無遺。芭蕉絕妙的感知能力，真令人咋舌。光用一個音的差異，就把嬌柔婉約的美女在瞬間變成了哀切憂愁的魔女，孤身隻影堅強地佇立在夏天的雨中。

2.15

美麗的水

要一邊揣測最愛的人的心情一邊談情說愛，兩面兼顧難免會遇到不知所措的時候。年輕時碰到那種情況，許多話會立即湧上來，擋都擋不住，但是現在卻想不到可說的話；不可思議的地方就在於，詞彙從大腦的反應待機行列中，咯噔一下竟然不見了。

詞彙一旦消失，文脈也跟著不見。目前為止的來龍去脈，對未來的思考，不管什麼全都消失了，然而我單純只是失去了詞彙而已啊。不過，我既沒有不滿，也沒有不安。

我最愛的人是個不可思議的男子，我失去詞彙之後，他也一起喪失了聊天的話語。他照常秉著沉穩的氣質，既沒有表現出厭惡，也沒有放棄與我作伴。

倦怠期的中年情侶失去共通話語

年輕時，我們在戀人身旁頓失溝通的詞語，那是因為心裡湧現太多想說的話，不知從何說起而感到困惑的緣故，所以心中會充斥著許多不滿和不安。同樣地，我身旁的男人也會對我的不滿表現出厭惡，並放棄關心我的不安而選擇閉嘴沉默。

然而，現在的我則是徹底失去了話語。若要探究是怎麼一回事，只能解釋：本來連自己「為何會迷失方向」，早已愈來愈不清楚了（也許，單純是錯愕得目瞪口呆吧）。

落入這種狀態後，我們如同被拋擲到宇宙外太空似的，「愜意」地享受迷失方向的隨風飄渺。兩人的思緒如此漂流片刻之後，對於該如何返回對話模式，兩人都感到苦惱。這種時候如果弄錯發言的時機和內容，無疑是把兩人的交流再度投擲到如外太空的虛無裡（若從一旁觀察，想必狀似一對正經歷倦怠期的中年情侶。唉，不過那也許是事實呢。所謂的倦怠期，可能就像這般面面相覷……）

將「世間」變得極度抽象化的方法

話說回來，在那個「宇宙空間」的我，偶爾會想到水；換句話說，就是嘗試用「水」來思考森羅萬象。

我試圖把生物想成是用半透明皮膜包住的水塊，這種情況下，完全忽視掉所有其他的機能。於是，世上存在著會移動的水塊（動物）與不會移動的水塊（植物），而水會在任何一個生物之中暫時停留；即便如此，以整體來看，水只是流過而已。

流過生物的水會變成水蒸氣，再形成風，鑽過無機質的大地，最後又再次回到生物的體內。我們看見的森羅萬象，不過是那樣的反覆循環而已；不會增加、也不會減少什麼，僅是壯麗的水循環。

當一個人的思考複雜得令人無計可施時，我會用這種方式來看待這個世界。如此一來，活著這件事本身就會變得非常單純：不過是一邊失去水分，又一邊補充的反覆運作而已。

身為水塊的我所遇到的事情，只是一些振動與波紋；用振動來傾聽別人的話語，透過波紋看見自己的話語。聽起來舒服的聲音，在我的水面上引起美麗的波紋；安逸的空間、滿意的飲食、舒坦的人際往來——全都是在我水裡產生的振動。我純粹只是慢慢欣賞那些美麗的波紋逐漸擴散開來的現象。

波紋的美麗使現在的我明白了什麼是必要的；在當下，只把必要的東西存放在身邊，就能夠帶來一種療癒。這是最愛的人告訴我的知性之美。

那個他是我遇見的人當中，極少數「純淨如水的人」；不會做令人討厭的事，也不會找藉口，不被任何容器所盛裝，毫不隱瞞地顯露出純淨如水的品格。他是取用水和消耗水的安靜生物，極為單純的一種存在。

基於此，我能夠直接感受到，從他的水塊擴散開來的波紋。第一次注意到時，我直接想到：這個人是多麼美麗的水啊！

有時我會想得到他的水，以至於還吸入過他的呼氣呢；那真是微小的水蒸氣，我像貓一樣在他的臉龐四周哼哼嗅聞，惹得他發笑。

順便一提，近距離仔細觀察會發現，除了我以外，他具有不錯的服務精神，也很聰明機靈。在公共場所時，他的水會裝進帥氣的袋子裡，沒有一丁點嫌惡的表情，即使違反美學的事也會去做（必要的話），對於身邊的女人也會多寒暄幾句。唯獨對我的態度會尤其怠惰，這種情形曾一度令我生氣地認為「搞什麼啊？」。不過，站在他身旁看見那淨水般又柔軟有彈性的風情，使我在某一刻領悟到了一件事實：

成熟男人的怠惰，事實上與愛情的意義相同（！）。

男人心的真相

男人的真面目其實是怕麻煩的性格，他們尤其懶得起身應付女人的責難，因此採取的行動都是剛好足以隱藏那惰性的程度而已。只有兩種情況會讓男人暴露自己的真面目，一是他瞧不起見面的那個女人，二是真正信賴那個女人。雖然我有充分的理由該擔心自己的情況究竟是上述哪一種，但假如是前者也不用在意。為什麼呢？以成年男子的情況，不管是鄙視還是信賴女人，兩者代表的意義幾乎一樣。

怠惰、鄙視及愛情全部是同義詞。我認為，大部分的女人在生育期結束之前，都不知道這個人生課題的真相；話雖如此，女人有必要知道。你與眼前表現怠惰的男人提出分手，然後去尋找下一個王子；即使這麼做，最後還是以同樣的結局收場，於是找個好男人的愛情大富翁遊戲就到此結束。話說，本來我們女人在愛情裡就是追求與男人不同的目標。

然而，看著只對自己怠惰的男人，其實也是一件好事。如前面提及的，我們可以把人視為會移動的水塊，男人怕麻煩的怠惰使水稍微靜止，而我變成唯一能欣賞他的水狀態的人，他美麗的波紋所照見的也只有我。親近的距離使他整個人變得討人喜愛，終究會吸引人渴望與他的氣息相融。

「氣息相通」的真正意思

其實，會開始在意他的氣息，除了他的水以外，還有另一個理由；呼吸畢竟是與對方的思緒交互疊合，很重要的一個手段。

我在學生時代曾參加國標舞（ballroom dance）競技部，如華爾滋及探戈那種標準舞，都是屬於完全貼身接觸型的舞風（從肋骨到骨盆都緊密相貼的風格），而且跳的是非典型的舞蹈。換句話說，那不像作秀時展現出事先決定的一連串舞蹈就好，而是要一邊閃開其他競賽者，再配合舞池內空出的位置，在現場邊跳邊創造適合的跳舞序列（旋轉及各種舞步的組合）。創造跳舞序列的是男性，又稱為「領導者」（leader），負責帶領雙人舞，因此幾乎每一支舞都是由男性前進的舞步開始。相反地，女性的背則向著舞池地板，只憑著感覺男性肢體的帶領而跟著舞動。

那時，我領悟到一個訣竅：配合領導者的呼吸後，就能在他下一個帶領動作發生前極短的時間，感應到從他身上傳達出來的意圖。結果是連旋轉的步伐間隔也不會錯，簡直就像魔法一樣。

在吐氣的瞬間擁抱女性

從那次經驗以後，每當我遇到重要的對話，就習慣去解讀對方的呼吸；透過呼吸可以看到那個人的意識狀態。我們使用的言語只要配合呼吸就會產生正向的效果。

例如，兒子年幼時，只要任性鬧脾氣，我就會用稍微強硬的聲音叫他的名字。他驚訝地「啊」倒抽一口氣後，我會等到他接下來呼氣的時點，趁機緊緊抱住他，在吐氣的瞬間給予擁抱最有效。即使是同一動作，在對方吸氣時執行，反而容易惹來抱怨。大人不也是這種情形嗎？想擁抱女人的時機，以「呼～」地吐氣過後的瞬間最為恰當。不過，為了讓對方「呼」地順暢吐氣，就需要類似「芝麻開門」的咒語。

有一段時期，我對水肺潛水十分熱衷，那時教練說：「如果不吐氣，就不能吸氣了喔。」過度在意吸氣而忘了好好吐氣，會導致氣瓶的高壓空氣無法進入肺部。

不可思議的是，平時我們無意識地進行呼吸這個動作，假如試圖用意識去注意吸氣再吐氣的組合，以及試圖用意識去注意吐氣再吸氣的組合，兩者其實是徹底不同的感受，以至於影響人的心情走向完全不同。可以理解為：意識顯現於呼吸中，而呼吸支配著意識。

我一邊看潛水教練指著塑膠板上書寫的「吐氣」，一邊在菲律賓的海中央再次體悟到吐氣的作用。那時跳國標舞的呼吸節奏，雖然我是用吸氣去配合舞伴，可是假如能在帶領動作的半拍前就用呼氣去搭配，肯定會表現得更加完美。

這話兜兜轉轉地進行到此，而我竟然在「頓失話語」的沉默中，獨自走了這麼長的一段思考旅程；應該足足讓他等上二十分鐘了吧。當我回神過來看他時，他大概也任意地進行著屬於自己的思考之旅吧。

這麼一來，連當初「為何會迷失方向」這個問題也想不起來了。再說，我所面臨的「迷失方向」，究竟是那種思索二十分鐘程度的困擾呢？還是漏了什麼重要的東西？到底是哪個呢？

2.16

故事的門

今年夏天，收到了兩個主題：川端康成的《雪國》及永井荷風的《濹東綺譚》。兩本著作所設定的背景環境雖不同，卻具有同樣的氛圍——這是社會派作家森彰英先生的評語。

彰英先生的嗅覺是對的，不管是他所注意到的這一點，還是把這項課題交付予我都沒有錯。對我而言，以男性腦的空間創造美學這個觀點來看，這兩本小說可以被視為完全相同的著作。

男性腦會繼續追求異樣的空間

慣用空間認知能力的男性腦，若無法創造與日常生活不一樣的空間，就難以活下去。無論什麼類型的男人，他的大腦裡都存在一個妻子無法理解的異樣空間。而且大多數的男人在進入那非尋常的空間時，都有自己一個類似儀式的動作。

川端與荷風分別在雪國和濹東創造出各自的異樣空間，內容令人欽佩且藝術性高。值得注目的第一點就是兩位作家把故事搬移到不同空間時，都有個明顯的儀式；川端利用山洞，荷風利用河川。

雪國．越後湯澤這個地方，如眾人所知——穿過「縣界長長的隧道」後，便是雪國。隧道前的群馬縣這端，是關東壤土地層乾燥的大地，即使步入山中還是會看見同樣的植被。穿過隧道後進入的新瀉縣那端，具壓倒性的高溼度，幾乎是另一個世界；整座森林的溼潤，像思緒糾纏般沉重。關東地區的人要是看見了，即使不是白雪，也能感受到這是個會吞沒自己的異境。

濹東綺譚如書名所指，向東渡過隅田川（濹是隅田川的別名，名字的由來是墨水），行至被稱為「玉井」的煙花柳巷，即是荷風筆下的異境。我是居住在隅田川西岸、藏前附近的居民，即使是今日，「對面川岸」這個詞仍具有某種歷史根源的分量。河川是清洗和流放所有汙穢的地方，在江戶時代的社會，所有被禁忌的工作都在對面川岸發生，以精神上來說是隔著非常遙遠的距離。

原本居住在山之手[22]的荷風，下山來到地勢較低的下町[23]，甚至渡過了河川。那儀式的沉重感，可媲美從上野搭乘五個小時車程前往雪國的旅途。

仔細一觀察，就會發現《雪國》及《濹東綺譚》這兩本小說，藉由各自的儀式而移往一個異樣空間，而兩者描述的儀式感以及環境分別予人的意象，我認為表達得非常契合。

手裡捧讀《雪國》時，一旦被開頭攫獲住——「穿過縣界長長的隧道，便是雪國。夜空下一片白茫茫。」頭腦立刻直接跳進另一個異地空間。開場竟是如此驚人，宛如看見一幅壯觀的畫；對於在此即將展開的故事和起承轉合等，讀者應該都不是太在意吧。我想，能把這個故事的來龍去脈完整敘述出來的人，可能如鳳毛麟角。

兩位作家在故事當中，分別編排了與異地空間相符的女人遊戲其間：藝妓的駒子（《雪國》），及遊女[24]的阿雪（《濹東綺譚》）。

如何創造一個能與日常生活連結的異樣空間，其實是成熟男人素養上的一種展現。一個好男人會大膽歡迎女人進入他的異樣空間，心底渴望把女人當作絕對不會離開的珍愛藝術品，藉此來「豢養」一個美好的異樣空間。

川端完成《雪國》這部作品時是三十過半的年紀，荷風則在五十過半時寫下《濹東綺譚》。以大腦具備的基本圖像功能來看，我一直認為隧道是「生」（產道）的象徵，而河川是「死」（彼岸）的象徵。兩人運用的文學手法之所以不同，年齡差異可能是頗大的原因。

年齡因素的影響也在異地空間最後的收場顯現出來，《雪國》的主角島村厭倦了雪國，而《濹東綺譚》的主角「我」則是對玉井死心罷手；任故事的門扉開著就離去的川端，與靜靜關上門的荷風，兩人的心態截然不同。正值生殖期的男性腦所寫出來的《雪國》，或許可以說是尚未成熟。

22 「山手」指的是江戶（東京）靠近山的地方，即高地地區，位於江戶城的北邊和西邊。
23 江戶城東面的低地地區則是下町，即工商區和庶民的住宅區。
24 江戶時代的性工作者稱爲「遊女」，地位最高級的遊女是「花魁」。

女性腦的關鍵字是「時間」

既然講到了男性腦對移往異樣空間的傾向，就不得不提女性腦，實際上女性腦也喜歡異樣空間帶來的樂趣。只不過，移動的手段與男性不一樣。

前幾天，用餐前剛好有一小時的閒暇空檔，我一邊享受著傍晚微風的涼爽，一邊試穿絲綢的和服。為底層的長襯衣附上衣襟，再重新化妝，並挽上頭髮；穿過衣袖後調整長度和繫上繫繩，最後綁好腰帶上的裝飾巾。原以為自己動作很快，沒想到竟然花了四十五分鐘。

那段時間裡，我內在有個東西像霧，一點一點地瀰漫開來；說是情緒又過於美，說是五感的感受又過於誇張，總之是無以名狀的。繫上腰帶時，思緒的霧在身體內部結成了露，又落下成了水滴。

纏上時間——聽著腰帶與衣服摩擦的細碎聲響，腦子裡忽然浮現這個詞；繫上時間，滿懷點滴情愫，與珍貴的人喜相逢。

女性腦是偏好控制時間軸的大腦，我們女人想要移動到另一個空間，所需要的就是「時間」。男人們要移往不同空間的話，實體空間的變遷是必要的條件，就這點男女有些微的差異。女人們要旅行時，會沉迷於在空間裡移動的「時間」，因此空間的遷移事實上並非首要的目的。縱使湯布院[25]就在鄰近的城鎮，女性腦也不會覺得浪漫。

相反地，女性腦就算少了實體空間的轉移也沒關係；彎起手指倒數約會日子的時間，裝扮準備的時間，還有慢慢交談的時間，都會使女性腦感受到因時間軸變化所產生的空間變化。若想讓女人的點滴情意膨脹，男人們絕不能省略掉時間這個要素。

給予「期待的時間」

當舞臺一改變，馬上就能在瞬間進入氛圍的男性腦，也許會認為女性腦需要積攢堆砌的時間是一件麻煩的事。然而，那個醞釀時間並不需要是共享的，所以男人可以

25　位於九州大分縣，是一個寧靜美麗的溫泉小鎮，一般日本女性認爲最夢幻的度假勝地。

輕鬆做到——讓女人從很早開始翹首盼望，並有足夠的時間準備就行了。

比方，男人只需提出簡單的邀請就可以了——「梅雨季過後，一起去喝美味的啤酒吧」。在此之前，下著梅雨的日子裡，女人會一直開心地期待著；嘴邊泛起微笑反覆咀嚼著男人說過的那句話，還可能去買一件露肩連身裙等。約會不是非要到高級餐廳才行，最重要的是給予女人堆積情感的時間。約會當天，縱使男人稍微有一點點遲到，抵達的時候女人早已沉浸在那份浪漫情緒裡了。是不是很輕鬆呢？

無知的男人通常會把女人準備的時間打折扣，見面當天又不能準確拿捏時間，往往因此徹底地讓對方感到掃興。受歡迎的男人與不受歡迎的男人就差在這一點，不知男性們是否能明白呢？

只要和男人提起上述這個關鍵，一定會得到這種反應：「讓對方期待那麼久，到時候要是失敗就真不值得了。」男性腦的邏輯都是以結果來概括論定，因此他們會害怕相對於高度的期待值卻獲得負面結果所產生的落差。儘管如此，男人們大可不必擔心，因為**女性腦的情意會隨著時間軸上的積分函數而逐漸累進。即使最後約定無法實現，重視約定所花的心思和時間會長留在女人的心底**。夏日仍然很長，秋天的啤酒一樣美味，男人應該保持好心情期待逆轉勝的到來。

反過來，男人該小心的是不誠實的發言。女人對於負面的言語也一樣會多次反覆咀嚼，不好的思緒和期待感一樣會在時間軸上滯留。累積的負面數值一旦超過某個臨界點，屆時女性腦會突然不管三七二十一，對一切感到厭煩而扔下轉身。這種情況下，擁有女性腦的女人會一去不復返。

反觀男性腦，除非是迫在眉睫需要果斷決絕，否則原諒三次基本上代表可以原諒到第一千次。而女性腦就算可以原諒一萬次，卻未必會原諒第一萬零一次。回到啤酒的邀約，假如到了聖誕節為止，那個約定都沒有實現，那可能就有點危險囉。

男人不會混淆「家庭（戀愛）」與「工作」的理由

如前述，男人不知道女性腦需要堆砌心情的時間；反過來，女人也不能理解男性腦對空間轉移的獨特執迷。空間的變遷一旦發生，男人的生理記憶會意外地受到斷絕，因此只要空間的劃分沒有錯誤，對戀人的情愛、對工作的熱忱，以及對妻子的溫柔憐愛就不會混淆，這就是男性腦的特徵。他們的頭腦裡，工作、家庭、戀人所占有的認知世界是以個別單獨的複數形式存在；換言之，腦子裡有許多「故事門扉」。

另一方面，女人即使正在工作中，一看到外面開始下雨，就會擔心孩子有沒有帶傘，在意家裡臥室的窗戶有沒有關緊，甚至想到超市「雨天」的減價折扣。女人會把全部的認知空間收攏成一個世界存在頭腦裡，女人的「故事門扉」僅有一個；以自己為中心主角，不停編織一個龐大的故事。

女人責備時會說：「即使再怎麼忙碌，只要有心，打一通電話應該做得到吧！」這是因為女人可以毫無困難地做到這點，並把工作、家事、戀愛，以及人生全部放在同一張桌子上，在混雜的狀況下持續進行整理和安排。

以男人的情況來說，這些項目無法統合成單一課題來應對，而需要分別隔著「故事門扉」，屬於之間不能輕易來去的獨立事務。關於這一點，建議男人應該採用女人比較容易懂的方式來表達。

慶幸的是，我最愛的人可以讓人輕易地理解他的這一面：他的「東京物語門扉」會在羽田機場的出境閘門關上；而我則是喜歡到機場送機道別的舉動。望著那個人朝著另一頭的故事走去而消失的身影，會驅使我在這一頭把自己故事的門好好關上。我的大腦簡直像優秀的男性腦那樣，能輕易地暫時抹去那個人的真實感。同一時間，乘著氣流的他的大腦裡面，也同樣會把留下的我視為一個非現實的物體。

2.17 結束的魔法

我從一個極度悲傷的夢裡醒來，那時正是休假日的日落時分；在夢裡，我因大意而失去了家人。在毫無防備的情形下，一個安穩生命交付到我的手裡，但不管呼喊多少遍，仍無法挽救的局面。成為大人以後發現，沒有比這個幻境更令人感到恐怖的了。

由於太過悲傷，使我顧不得犯規——打了電話給我最愛的那個人；過去，我從來不曾要求他照顧由我的妄想衍生出來的悲傷。

最好的道別話語

「怎麼了？」他擔心地問道，當我說出做了惡夢後，眼淚止不住地流下來；一回神，發現自己像個孩子似的，抽抽嗒嗒地哭著。

「要不要告訴你一個好消息？」他如此說道。「我也剛醒過來，還躺在床上呢。跟你一樣。」

這番話從背後將我溫柔地緊緊抱個滿懷。感覺到距離幾百公里外的他，正用手臂紮實地支持著我。「跟真的一樣呢。」我如此呢喃道，那一頭的他用聽起來確實是剛起床的嗓音回答：「確實是真的呀。」

從那天起，我最愛的人就一直陪伴著我，如影隨形。即使不打電話，也會幻化成森羅萬象包圍著我，為我灑下和煦的光芒。單單用往返兩回半的對話，他就給了我實在且永恆的存有。

「確實是真的呀」——這一句可說是我人生當中聽到的、最好的道別話語；縱使實際上手指再也觸碰不到彼此，甚至彼此的肉體消失了，我們也不會分離。他的話就像永遠不會結束的珠璣咒語，施展著「結束的魔法」。

我認為，自己就是為了接受這個「結束的魔法」，而在這輩子生為女人。雖然不知道至今已經反覆度過多少次輪迴，我相信這個肉身具體的死亡，最後將散化回歸至森羅萬象；如同那個他也會散化成森羅萬象來到我身邊一樣。

度過餘生的意思

假如情況是如此，那麼我今後的餘生，活著的意義又是什麼呢？這世上是否還存在著祕密魔法呢？唉，至少要向上個月剛滿十一歲的兒子解釋這件事，還有一段時日。兒子既然生為男人，我希望他有能力用自己的生活之道及話語，給予所愛的人「結束的魔法」。那難道不是男人真正的願望嗎？自己唯一的靈魂只為安慰另一個靈魂而付出。只要你定下一個基準，人生其實可以是很單純的。

是因為「結束的魔法」的關係嗎？這個夏天不知為何，發生了一連串的事情，為剩餘的生命能量進行收支結算。

上個星期，我家年輕的雌貓的腳骨發現有畸形。據說，為追求令人憐愛的模樣而混血產生的這種貓，較容易出現畸形的症狀。「簡單來說，這隻貓並不像一般的貓。」動物醫院的獸醫如此說明。意思就是，這種貓不像其他需要傳宗接代的貓，生來就是強健的個體。

確實，這種雌貓幾乎不會執著於食物，即使在發情期也很安穩，被孩子們纏著也不會生氣，一點也不像動物；這貓像妖精一樣，具有飄渺的存在感。

現在雖然只是呈現細微程度的遲鈍，造成平衡感不佳，但是也有可能持續惡化，直到最後雌貓本身感到痛苦。這問題源自遺傳因子的組合，所以沒有治療方法或對症療法可用。到了雌貓感到萬分疼痛時只能……備感遺憾的獸醫不再說下去，我猜想他是在暗示採用安樂死。

聽完這解釋的我，老實說鬆了口氣。將年輕美麗的生物關進公寓的空間裡生活，我本身很難想像那種壓力感受會有多大。對於這隻雌貓來說，在街上冒險的自由，享受戀愛帶來的愉悅，成為母貓的自豪，完全不可能發生。無法完整實現賦予存在的生命動能，在我看來是極度痛苦的。

話雖如此，這隻雌貓並不是為了活出那些種種而存在的個體；只是為了安靜過完今生的個體而已。儘管畸形是一件憾事，但這是所有貓種偶爾會出現的現象，若這隻貓命中註定如此，我想牠來到我這裡是件好事。剩下的，就只是努力將牠的痛苦減到最少而已。

從這個角度想，也許人類擁有的輸入能量，剛好是自己本身能夠抵償的分量，再以此生活下去。怪僻的獨子、妖精似的貓咪、超現實的最愛的人——這些就是現在的我設法償還的人事物。是微不足道的人生，還是奇特的人生，無論如何都是難以預測的。

一邊思考那些事一邊走著，然後發現彼岸花正盛開在河堤上。簡直就像某人無法償還的心念，經昇華後轉變成唐突的形狀，綻放出火焰似的赤紅。

殘酷的生命情感

彼岸（HIGAN）是個具有「殘酷」語感的詞。

「HI」是張開喉嚨，一鼓作氣呼出肺裡的空氣，與喉頭摩擦出的聲音；撞擊過喉嚨的氣息以扇形滑過上顎，擦及前齒。聚集了體內溫度的熱氣燒過喉嚨，使上顎全面變得乾燥，以至於轉成令人意外的冷風刺向嘴唇。

帶著世上最熾熱也最冷酷的情感，鋪天蓋地將世界全面籠罩……如果追究口中發生的變化，就會發現「HI」是令人感到極度強烈超自然力量的音；如同「HERO」（英雄）的「HE」音。根據使用方式的不同，「HI」可以是恐怖的發音。比如說，讓幽靈只用一個字說話，那麼「HI」應該是最恐怖的音；連砸東西的「TA」音，或者用力刺穿的「KI」音都比不上。以驚悚大師的希區考克導演來說，他的名字本身就已經十足恐怖（注：第一個音正是「HI」）；假如導演的名字是利區考克，聽起來就少了驚悚的效果，還是希區考克的《鳥》聽起來比較令人毛骨悚然。

接在「HI」音之後，是足以從頭部中心搖晃顱骨的「GA」音，最後以塞住喉嚨的「N」音作結。如此分析「彼岸」的語感後，顯現的那份殘酷令我倒抽一口氣。這是否意味著：人要渡到彼岸必須翻越過如此殘酷嚴苛的狀況呢？

或者說，人的一生可能是那殘酷延伸出的數十年光景，逐漸步向昇華的道；假如沒有辦法一次昇華成道，就會落入反覆輪迴，直到渡至彼岸的那天。

彼岸花散發著劇毒的美麗，在殘暑的熾陽下孑然挺立。我們會因不吉利而一邊咂嘴，一邊走過，卻又悄悄地回頭望向那花姿。你要知道，每個人的心裡都存在某些唯有彼岸花能夠撫慰、類似令人憎厭的感情的東西。

到底是何許人，把這種花喚為「彼岸花」（HIGANBANA）的呢？久遠以前，在殘酷的生命情感昇華、歸去彼端時，賦予「彼岸」音韻的先人，該是具足多麼了不起的知性啊。

話雖如此，我們使用的話語究竟是什麼呢？歷經幾百年、幾千年悠久的時間，數不盡的重複，為人所使用的詞彙代表著什麼？當我說話時，有時內在會感受到，過去某人曾用同一個詞句託付了自己的心思，而此刻卻跨越時空朝我湧來。當我緩慢地說出「彼岸花」，會有一種女人忍不住回望彼岸花的哀愁，唰地落入內心中央；我似乎也看得見她那個早逝的幼子的小手指。

言語的不可思議在於能夠讓人漸漸地溫暖起來，感到無比愛憐。藉由最愛的人的「結束的魔法」，我明白了自己之所以沒有當場消散成森羅萬象的一部分，可能是因為自己正行走在言語探索的旅途上。但願我能留下一個溫暖的話語，至少當作自己活過的證據，再消散歸回天地。然而，只選擇一個字詞實在太難；也許正因為太難，才容許我寫下這一本書來表達吧。

結語——共度一樣時間的人

我的人生裡，只有一段沒有淡出的緣分。

那就是一起共織生活、成為我兒子的父親的那個人。

本篇中雖然把大人系戀愛比喻成糖果而描寫出來，而夫婦的糖果有時卻會令人想吐出來。老實說，我自己的確有過悄悄把糖果從嘴裡吐出、放置在小盤子上的經驗。

然而，突然再次放進嘴裡就會發現，糖果竟然比吐掉時變得更大了，實在覺得有趣。有時雖然會感到厭煩，夫婦關係卻是一顆永遠不會消失的魔法糖果。

夫婦的緣分到底是什麼呢？

我父母親的緣分要從父親的一見鍾情講起。

我覺得父親對「母親的單相思」成了他們兩人一輩子相處的基調。

晚年，罹患真性紅血球增生症（又稱為多血症）罕見疾病的父親，即使被宣告了剩餘壽命，在他還能行走的日子裡，每天早晨仍然會拿著熱毛巾到床前給我的母親。為了讓膝蓋不好的母親不必走到洗臉臺，父親主動開始實踐這個早晨的習慣動作。

將熱毛巾遞給母親後，父親會從母親的枕邊拿取一顆糖果，然後坐到床邊的椅子上。那顆糖果就像是我的分身，所以我盡量在罐子裡存放大顆的糖果，好讓父親享受的早晨時光多少能夠延長一些。

某天早晨，我打從母親的房前經過，聽見她正對著父親說：「快點回去你自己的房間吧。」然後父親回答道：「等吃完這顆糖果就出去。」誰知母親竟毫不客氣地說：「那麼，你趕快喀喀咬一咬，嚼完它。」（苦笑）最後，我聽到了父親喀地一聲咬碎糖果的聲音。

母親的口吻聽起來像無情的女人，但是熟知父母親近五十年的我，對這種情況再明白不過了。那對話其實就像兩人的遊戲一樣，父親使出撒嬌纏人的模樣，另一邊的母親就做出煩躁的反應。這麼一來一往使父親覺得很有趣，所以屢試不爽。

那樣自得其樂的父親去世後，大約過了兩個星期左右，母親打電話過來。「不管想多少遍，我的人生裡，沒人比得上你父親這般疼愛我的了。」

父親去世之前，母親長期以來應該多次反抗過自己的婚姻生活。

「你父親是否曾經愛過我呢？」面對母親這麼一問，我如此回答道：「還用問嗎？當然是愛你的啊。因為就算你那麼冷冰冰的，他還是一直想陪在你身邊呢！」聽完我的話，母親流下淚來，「要是我也能對你父親說『我愛你』就好了。讓他知道——當你的妻子真的很幸福。這些話我一次也沒對他說過……」

「母親，幸好祭拜七七四十九天為止，靈魂仍然在世間，所以那些話父親會聽得到的。」一說完，我也跟著一起啜泣。

那天晚上，母親再次打電話過來。「你不是說，你父親聽得到我的話嗎？之後，我說了好多遍『請現身出來十五分鐘』，祈求了好久，可是你父親都沒有出現呀？」

能把這種事正經八百地說出來，就是母親可愛的地方。我一邊忍不住這麼想，一邊馬上回問：「母親，為什麼是十五分鐘？」「誒，要是時間太長，不是會煩嗎？」

簡直就像說笑藝術——落語裡頭抖落的包袱[26]，為我父母親長久的戀情畫上終點。

夫婦的緣分既深刻又牽扯不斷，絕不是完美無瑕的光鮮亮麗。這樣的緣分又會由誰來斬斷呢？

我與丈夫結婚至今邁入第三十七年。一回想過去，就使人深切覺得，到最後這個緣分會勝過所有一切。正因如此，我才能動筆寫下這本書。淡出的戀情，沒有留下後悔而順利結束，都要感謝丈夫毫不厭倦地回以預料之外的話語和行動。

即使有一份心思無法向他人訴說，隨時使人心裡焦慮，甚至動搖自己的社會責任，也不是什麼大事。只不過，希望你面對不能輕易放手的緣分，要懂得避免傷害並用心呵護。

夫婦關係這顆糖果，即使曾經不得不暫時放到小盤子上，到了晚年，還是能讓人咀嚼品味的，儘管生活還是會伴隨著傷痛和辛苦。不過，一切都好，人生並不是只有甜味才值得品嘗，因為我們都是成熟的大人了嘛（微笑）。

真心感謝河出書房新社的太田美穗小姐，讓我能夠再次返回，以戀愛之名的感性研究的原點。還有對於親愛的讀者們，我在此由衷地致上感謝，感謝你們對本書內容有所認同，將與戀愛有關的話題認真讀到最後一頁。

讓你我體驗各種緣分，在名為「世間」的樂園愉快地生活。我認為這是我們的大腦之所以存在的唯一目的。請你一定要好好享受自己在當下所處的天地，度過美麗的人生。

黑川伊保子

＊內容由全新撰寫的「第一部　享受大人系戀愛的方法」，併入二〇一六年七月出版發行的河出文庫本《感應心語》之「第二部　戀愛情景」，後半部內容經大幅加筆、訂正而收錄在此。

26　落語是源自江戶時代的表演藝術，在臺上敘述一段滑稽故事，每段表演最後會「落下」一個包袱，將笑料或噱頭內容以各種技巧包攏做爲結束。

LOVE系列 049

戀愛使用說明書 恋のトリセツ

作者—黑川伊保子
譯者—蘇楓雅
副總編輯—邱憶伶
行銷企畫—林欣梅
封面設計—FE設計葉馥儀
內頁設計—林樂娟
編輯總監—蘇清霖
董事長—趙政岷
出版者—時報文化出版企業股份有限公司
一〇八〇一九臺北市和平西路三段二四〇號三樓
發行專線—（〇二）二三〇六六八四二
讀者服務專線—〇八〇〇二三一七〇五・（〇二）二三〇四七一〇三
讀者服務傳真—（〇二）二三〇四六八五八
郵撥—一九三四四七二四 時報文化出版公司
信箱—一〇八九九臺北華江橋郵局第九九信箱
時報悅讀網—http://www.readingtimes.com.tw
電子郵件信箱—newstudy@readingtimes.com.tw
時報出版愛讀者粉絲團—http://www.facebook.com/readingtimes.2
法律顧問—理律法律事務所 陳長文律師、李念祖律師
印刷—勁達印刷有限公司
初版一刷—二〇二三年七月七日
定價—新臺幣四〇〇元

戀愛使用說明書／黑川伊保子著；蘇楓雅譯.
--初版. --臺北市：時報文化出版企業股份有限公司，
2023.07
面； 公分. --（Love系列；49）
譯自：恋のトリセツ
ISBN 978-626-353-993-8（平裝）
1.CST: 兩性關係 2.CST: 戀愛心理學
544.37014 112009073

ISBN 978-626-353-993-8
Printed in Taiwan